本音を言おうとすると涙が出てくる

SPの
細さが
能に
る魔法

ゆりか
Yurika

Whenever
Highly Sensitive Persons
try to speak their mind,
they burst into tears.

朝日新聞出版

まえがき

私もHSPです

はじめまして、ゆりかと申します。ゆりかさんと呼んでください！

もともとは大手企業に勤めていましたが、2019年に会社を辞め、HSP（Highly Sensitive Person＝とても敏感な人）さんのためのアドバイザーという活動を始めました。主にインスタグラムを通じてHSPさんの悩みに寄り添う情報を発信し、これまでにのべ数千人以上の方の相談にのってきました。

なぜ私がこの活動を始めたのかというと、会社員時代に**HSPの概念に出合ったこ**

とがきっかけで、人生が１８０度変わったからです。
まさに、自分でも驚くほど「魔法」のようにガラリと変化したのです。

でもこれは私が特別だったわけではありません。

「自分も変われるんだ！」

とまずはあなたの可能性を自覚することがはじめの一歩です。

ですので、私の過去のお話を少しだけさせてください。
私も以前は、自分の本音を伝えるのが苦手で生きづらさを抱えていた、悩めるＨＳＰだったのです。

周りの顔色をうかがう「いい子」だった

私は子供の頃から、「しっかりしている」「落ち着いている」と言われて育ちました。

家族の状況が子供ながらに手に取るようにわかり、「親に迷惑をかけないように」「甘えないように」とその場の空気を読んで行動ができました。

学校でも、先生の言うことをよく聞き、成績も優秀な典型的な「優等生」。

けれども実は、学校に行くのがあまり好きではありませんでした。

なぜなら、何十人もの子供たちがひしめく教室にいるのが苦手だったからです。

思春期の男の子たちの怒りのエネルギー、女の子同士の陰口、どうにもできなくて困っている先生……。

「静かに1人でいたい」というのが本音でした。

中学・高校で吹奏楽部に所属し、部長やパートリーダーという重要な役割を任されたときも、**メンバーの顔色をうかがいすぎて自分の本音を出せず、自分を責める毎日。**

「自分の好きなことでも力を発揮できない……」と大きな挫折感を味わいました。

自信をなくした私は、大学時代は、特にサークルに入りもせず、ボーッと過ごす毎日。

新しいことに「チャレンジ」をすることをやめました。

やりたいこともなかったので就職活動の面接もとっても苦労し、やっとのことで1社だけ内定をもらいました。

「コツコツ1人で作業に没頭できるのがよさそうだな」という理由で、その会社を選びました。

「自分に合った仕事を見つけられた！」とホッとしたのもつかの間。

私が目を背けてきた「心の弱さ」と向き合わざるを得ない出来事が起こり続けたのです。

うまくいかなかった会社員時代

入社直後、最初に教えてくれることになった先輩は、すごく頭の回転が速くて、頼りになる方。けれども、ちょっぴり威圧的な雰囲気を持っていました。私は威圧的な空気が子供の頃から大の苦手。


あるとき、私が何度も同じミスを重ねてしまったことがありました。

「これ、さっきも言ったよね?」

と、先輩からちょっと注意されただけで、私の心臓はバクバクとなりはじめました。

そこから、とにかくビクビクしながら仕事をする毎日が始まりました。


聞きにいきたいことがあっても怖くてなかなか聞けず、「何で聞かなかったの?」と怒られミスを繰り返す。

その先輩に見られていると、手が震えてしまってうまく仕事ができない。

他の人にはそこまできつくないのに、なぜか自分ばかりきつく当たられる気がする。

でもなんとか認めてもらいたくて
「心が弱い自分がいけないんだ!」
と自分を奮い立たせていました。
周りから**「大丈夫?」と聞かれても、涙がこぼれそうになるのが恥ずかしくて、**

「はい、大丈夫です！」

と強がって本音を言うことができずに過ごす毎日でした。


他にも組織の中で苦手に感じることがたくさんありました。

- お昼の雑談タイムに馴染めない
- 上司や会社への愚痴の多い会話だと、聞いていて心が苦しい
- 電話やメール応対で作業が中断されると、集中力が途切れる
- 「こんなこと質問していいかな？」と悩んでいる時間が長く、いざ質問してもしどろもどろになって相手に伝わらない

「何でこんなに自分は弱いんだろう？」

と自分を責め、夜も土日のお休みも仕事のことで頭がいっぱい。

「このままでは、耐えきれなくなってしまう」

そんな不安を感じながら毎日を過ごしていました。

「これはどうにかしないと！」と思った私は、本やネットで心が強くなるための方法を探し始めたのです。

HSPという概念との衝撃的な出合い

「これ、全部私のことが書いてある……」

たまたま目にした、とあるサイト。そこには何から何まで自分に当てはまる内容が書かれていて、衝撃を受けました。

そこに書いてあったのがＨＳＰの概念です。

「心が弱いんじゃなくて、生まれ持っての性質だったんだ……」

スッと心が軽くなり、そこから私の人生が少しずつ、変わり始めました。

まず、ＨＳＰさんの性質を知り行動を変えた結果、先輩との関係が驚くほどスムーズになっていったのです。

これは私にとっては衝撃の変化でした。

やがて少しずつ自分の弱いところ、苦手なことを認められるようになり、

「**繊細さを才能として生かしていこう！**」


と決意できたのです。

その結果、ＨＳＰさんのための情報発信をしていくという道を選びました。

以前は自信なんてなかった私が、「自分次第で人生は変えられるし、自分の人生は自分のもの」と自信を持つことができています。


これは、私が特別だからできたというわけではありません。

これまで数千人以上のＨＳＰさんと関わってきて、**「ＨＳＰ」の性質は才能であり、上手に生かすことで、強くしなやかに生きられる**と確信しています。

次はあなたが、本来の豊かな才能を発揮していく番です！

Contents

Chapter

2

人といると疲れてしまうあなたへ

Chapter 3

「大丈夫？」と聞かれると泣けてくる人は……79

Chapter

4

その不安はまぼろし

Chapter

5

行動を変えると思考が変わる

Chapter

6

HSPさんの才能が開花する魔法

Chapter

7

本音に気がつけば人生は変わる

ブックデザイン　山田知子（chichols）
カバーイラスト　北澤平祐
本文イラスト　鈴木愛未（朝日新聞メディアプロダクション）

Chapter

1

HSPって
どんな人?

生まれつき「五感」が優れた人

HSPさんは5人に1人

そもそも、HSPとはどんな人なのでしょうか？

まずは自分のことをよく知ることが、あなたの繊細さを「才能」に変えていく鍵となります。

HSPはHighly Sensitive Personの略称で、1996年にアメリカの心理学者、エレイン・N・アーロン博士によって提唱された心理学の概念です。あくまでも「生まれもっての気質」とされており、病気ではありません。

アーロン博士の著書によると、ＨＳＰとそうではない人は、脳の神経システムに違いがあるといいます。

ＨＳＰはそうではない人と比べて同じ刺激でも、神経が興奮する物質が多く分泌されます。

ですので、**ちょっとしたことでも「頭がいっぱい！」「疲れた！」と感じることが多い**のです。

ＨＳＰは5人に1人いるとされており、動物でも昆虫でも同じ割合で他の個体よりも刺激に敏感に反応する個体がいることがわかっています。

つまり、ＨＳＰさんは集団に危機が迫ったときに鋭い感覚でいち早く察知して、「危険が迫っている！」と知らせる役割を担っています。

生物が生き残るための戦略として、ＨＳＰさんはとても重要な存在なのです。

そして、**ＨＳＰさんの最大の特徴が、「とても五感が優れている」ということです。**

例えば私が子供の頃、初めて映画館で映画を観たときのことです。

当時流行っていたハリウッド映画を家族で観に行きました。ですが、アクションシーンの大きな音にびっくりして「もう二度と行かない！」と決意したのを覚えています（今では克服しました！）。

他にも雷の音や大人の男性の大きな声が苦手だったり、会社員時代は大きな機械音のする作業環境につらさを感じたりしていました。

このように、私の場合は主に「聴覚」が敏感でした。

ですが、どの感覚が敏感かはＨＳＰさん同士でも全く異なっています。

五感別ＨＳＰさん〝あるある〟

これまでたくさんのＨＳＰさんと関わってきて、同じＨＳＰの私でもびっくりするようなご意見も多数聞いてきました。

ＨＳＰと一口に言っても、五感のうちどの感覚が鋭いかは人によって違うのです。

数千人以上のＨＳＰさんの声から、五感別で特徴をまとめてみました。

「自分はどの感覚が敏感か？」を知っておくことで、ストレス対策や、鋭い感覚を才能として生かせるようになっていきます。

視覚

- まぶしい光、蛍光灯の光が苦手
- 人の表情の変化や動きにすぐ気づく
- 色彩感覚が豊かで、美しい色づかいを見ると心が躍る
- ごちゃごちゃした街並み、散らかった部屋にいるのはストレス
- 小さな虫が飛んでいるのが視界に入ると気になってしょうがない

聴覚

- ちょっとした音が気になって眠れなくなることがある
- 映画のアクションシーンなどの大きな音はビックリする
- カフェなどでは、周りの話し声が耳に入りすぎて会話に集中できない
- テレビから流れてくる声は、誰の声かすぐに判別できる
- 自然の音など、優しい音が好き

嗅覚

- 初夏の匂い、冬の匂いなど、季節の変わり目の匂いなどを感じ取ることができる
- 化学香料の匂いが嫌い
- タバコの匂いは耐えられない
- 人の匂いの変化で病気に気づくことがある
- 残り香でそこに誰がいたのかがわかる

触覚

- 汗で肌がベタッとする、髪が肌にはりつく感覚は苦手
- チクチクした肌触りの服は苦手で、タグは切る
- すごくくすぐったがり、またはとっても痛がり
- 嫌いな人のそばや嫌いな空間に行くとゾワゾワする感覚がある
- 気温の変化に敏感

味覚

- 繊細な味の料理が好き
- 心の底から「美味しい」と感じるものが少なく、食へのこだわりが強い
- 強い苦味、酸味、辛みなど、刺激的な味は苦手
- どんな調味料が入っているか、または化学添加物の味を感じ取れる
- 一度食べた料理の味を忘れることはなく、自分で再現することができる

あなたは、どの部分にたくさん共感できましたか？

周りから、「気にしすぎ」「こだわりが強い」「わがまま」なんて言われることもありますが、ＨＳＰさんの豊かな感覚は、「心地よい世界」を作る才能として生かすことができますので、安心してくださいね。

自分の感覚を振り返ってみることであなたが元気に過ごすヒントが見つかってきます。

まずは
自分の性質を知ろう！

さて、もう少し詳しくＨＳＰについて説明していきましょう。

アーロン博士は、次の４つの特徴の頭文字をとった、【ＤＯＥＳ】に全て当てはまる人がＨＳＰだと定義しています。

自分の特徴を知っておくことで、「どう生かしていけばいいか？」「どうやったら心地よく過ごせるか？」ということが見えてきます。

ＨＳＰの４つの特徴【ＤＯＥＳ】

❶ Ｄ：（深く処理する：Depth of processing）

同じ情報を受け取っても、ＨＳＰさんとそうではない人では処理する情報量が違います。

例えば、食事するお店を選ぼうと、インターネットで検索をするとき。

ＨＳＰでない人は、「なんかここ美味しそう！　よさそう！」とパッと決めることができます。

でも、ＨＳＰさんは「店の雰囲気は？」「席と席の間隔は？」「料理は予算に見合っている？」「1人で行っても大丈夫？」など、チェックするポイントがたくさん。

なかなか決められず、周りから「優柔不断」「気にしすぎ」と思われることも。

❷ O：（過剰に刺激を受けやすい：Overstimulation）

ＨＳＰさんは他の人に比べて神経が高ぶりやすいと言われます。

さらには、ストレスに反応する脳の領域である「扁桃体（へんとうたい）」が活発なので、他の人よりも不安や恐怖も感じやすくもあります。

子供の頃に、「怖がりだね」「すぐびっくりするね」と大人や周りから言われたＨＳＰさんも多いかもしれません。

❸ E：（感情的な反応が強い：Emotional Reactivity）

周りの人が今、どんな感情を抱えているかを敏感にキャッチし、まるで自分にも同じことが起こっているかのように感じます。

なぜ人の気持ちがわかるのかというと、ＨＳＰさんは、相手に起きたことを自分のことのように感じる神経である「ミラーニューロン」の働きが活発だからです。

ですので、喜怒哀楽が激しい人と一緒にいると疲れてしまう傾向があります。

❹ S：（ささいな刺激を察知する：Sensing the Subtle）

ＨＳＰさんは五感がとっても優れています。

ささいな物音が気になって眠れなかったり、ふと漂ってくる匂いにいてもたってもいられなくなったり。

都会のように刺激の多い環境で生活していると、神経が休まらないことが多くあります。

自分の居心地がいい環境を作っていくことが大切です。

さて、あなたはどのくらい、当てはまったでしょうか？

HSPセルフチェックリスト

さらに、アーロン博士によるHSPセルフチェックの一部を次に掲載しますので、自己テストをしてみてください。

少しでも当てはまれば「はい」、全く当てはまらないか、あまり当てはまらない場合に「いいえ」と答えてください。

- 周囲の些細なことによく気がつくと思う　はい・いいえ
- 他人の機嫌に影響される　はい・いいえ
- 痛みにとても敏感だ　はい・いいえ
- 忙しい日は、ベッドや暗い部屋、もしくはプライバシーを確保できて刺激から解放される場所に引きこもりたくなる　はい・いいえ
- カフェインに対して敏感だ　はい・いいえ
- まぶしい光、強いにおい、粗い生地、近くから聞こえるサイレンの音などにす

ぐに反応する　はい・いいえ

● 豊かで複雑な内面世界を持っている　はい・いいえ

● 大きな音が苦手である　はい・いいえ

● 芸術や音楽に心を大きく揺さぶられる　はい・いいえ

● 良心的である　はい・いいえ

● すぐに驚く　はい・いいえ

● 短期間でたくさんやることがあると混乱する　はい・いいえ

● 誰かが居心地の悪さを感じていると、その理由を察し（明かりを調整したり、席を変えたりして）心地よくしてあげようと思うことが多い　はい・いいえ

● 一度にたくさんのことをやるように言われると困ってしまう　はい・いいえ

● 失敗や忘れ物をしないよう、とても気をつけている　はい・いいえ

（出所：エレイン・N・アーロン著、片桐恵理子訳『敏感すぎる私の活かし方――高感度から才能を引き出す発想術』〈パンローリング、２０２０年〉より一部を転載）

全23項目中12個以上当てはまると、ＨＳＰの可能性が高いといわれています（チェックリストの全体はアーロン博士の著書で確認できます）。

ただし、正確な心理テストというものはこの世に存在していません。あくまでもＨＳＰの特徴を平均的な反応に基づいて判断したものです。

アーロン博士によると、該当する質問の数が少なかったとしても、それがとてもよく当てはまるのであれば、その人はＨＳＰかもしれません。

HSPさんにもいろいろなタイプがいる

刺激が苦手なタイプ・好きなタイプ

HSPさんはさらに、「内向型HSP」と「HSS型（刺激追求型）HSP」の2タイプに分けられます。

HSPさんのうちの約7割が内向型と言われます。

「刺激を受けないようにしよう、避けよう」としているうちに、結果として内向型になることが多いからです。基本的には1人で行動する方が楽だと感じます。

一方、ＨＳＳ型ＨＳＰさんは刺激に敏感だけれども、「もっと刺激が欲しい！」と自ら刺激に飛び込んでいくタイプ。スカイダイビングやバンジージャンプなどが大好きな人もいます。

周りからはとってもアクティブな印象に見られます。でも感覚は敏感なので、「アクセルとブレーキを同時に踏んでいる状態」と表現されることもあります。

外向的なＨＳＰさんも

そしてさらに、「ＨＳＥ」（外向型ＨＳＰ）という新しい分類も登場しています。

ＨＳＰさんの中でも「人と関わることが好き」「人と関わることで元気を回復する」という特徴を持った人のことです。

ＨＳＥさんは１人の時間が長くなると、元気がなくなってしまいます。

「人を助けたい、役に立ちたい」という気持ちが特に強く、あたたかい雰囲気を持っているので人が寄ってきます。リーダー役などをよく任されるタイプです。

つまり、**内向型かHSS型かは「刺激を追い求めるか、追い求めないか」、HSEかどうかは「人といることが好きか、1人でいる方が好きか」をチェックするとわかる**ということです。

ただしここで注意したいのが、HSPは一生変わらない気質であっても、内向的か外向的かは後天的な性格であるということです。そのときの状況や状態によって変化することもあります。

人は、いろいろな要素を持ち合わせています。

分類にこだわりすぎず、あなたが自由に前向きに生きるための鍵として参考にしてみてください。

私って本当にHSP？

HSPさんの3つのタイプ

ここまで読んできて、「私って本当にHSP？」という疑問が湧いた人も中にはいらっしゃると思います。

「人の気持ちには敏感だけど、音とか光はそこまでつらくありません」というお声をいただくこともあります。

これはどうしてかというと、**同じHSPさんでも一人一人、何に対して敏感かは異なっていて、個性がある**からです。

これまでたくさんのＨＳＰさんと接してきて、何に対して敏感なのかでＨＳＰさんはざっくりと3タイプに分けられるということを発見しました。

あなたは、どのタイプでしょうか？

❶音や光などの物理的な刺激に敏感なタイプ

強い匂いや、大きな音や光、刺激的な味や触り心地の悪いもの、気温の変化など「物理的な刺激」に敏感なタイプ。

オフィスの蛍光灯や看板や人通りが多い街並み、救急車のサイレンの音など、現代社会の刺激の多い環境だと疲れを感じやすい人です。

刺激をカットする対策や、「ダウンタイム」と呼ばれる1人で静かに過ごす時間が大切です。

❷人の気持ちや感情に対して敏感なタイプ

身近な人が具合が悪そうだったり落ち込んでいたりすると、手に取るように相手の気持ちがわかりすぎて疲れてしまうタイプ。

テレビやネットで流れてくるつらいニュースや悲しいニュースも心に焼き付いてな

かなか頭を離れません。

感情移入しすぎて自分がわからなくなったり、仕事を断れずにいつの間にか我慢の限界になっていたりします。

人との境界線を適度に保っていくことが大切です。

また、**テレビやスマホからの情報も、取捨選択をしてみてください。**

❸洞察力や直感力が高すぎて、周りから理解されないタイプ

「なんかわからないけど、うまくいかない気がする……」

優れた洞察力、観察眼で物事の問題点が見えすぎたり、先を見通す力が強かったりするタイプです。

自分の考えを周りに伝えても、「そんなの気にしすぎだよ」となかなかわかってもらえず、「言いたいことが言葉では表現できない」という葛藤を感じることも少なくありません。

子供の頃に周りの大人から「気難しい」「扱いづらい」「言っていることがわからない」と言われてつらかった経験があるかもしれません。

じっくりと自分の考えていることを言語化し、表現する習慣をつけてみましょう。

気持ちが大爆発してしまう前に

さて、3つのどのタイプにも共通して言えることですが、HSPさんは本当に日々たくさんの刺激を受け取っています。

時には、受け取ったものを溜め込みすぎて、ある日突然、火山が噴火するように気持ちが大爆発！……ということも。

「外で我慢している分、身内にはキツく当たってしまう」

「我慢の限界に達して、自分でもビックリするほど怒ったことがある」

というHSPさんの声も多く聞いてきました。

HSPさんが生きやすくなるためには、日々感じているたくさんのことを、「表現」「アウトプット」することがとても大切になってきます。

HSPさんはみんな素敵な存在

HSPさんは誰よりも強い人

ところで、最初にどうしても解いておきたい誤解があります。

HSPというと、「敏感すぎる」「生きづらい」「傷つきやすい」という一面がフォーカスされてちょっぴり後ろ向きなイメージかもしれません。

だけどそれは半分合っていて、半分間違っています！

「なんだか、か弱そう」「生きづらそう」という印象が強いHSPさんですが、本当は「**誰よりも強くしなやかに生きられる人**」なんです。

アメリカの小児科医、W・トーマス・ボイス氏らの研究によると、ストレスの少ない環境であれば、感受性の強い子供はそうではない子供たちに比べて、病気にもかかりにくく事故にあいにくいということがわかったのです。

HSPさんはみんな、素敵な可能性を秘めた存在。

私の周りにも、湧き上がってくるイマジネーションや高い直感力を生かして、スイスイと自分の進む道を進んでいき、次々と夢を叶えていっているHSPさんがいます。

もしあなたが今、「敏感すぎてつらい」と思うことの方が多いとしても大丈夫。

自分の才能を最大限に引き出す「魔法」を知ることで、他の誰よりも幸せを感じながら生きることができるのです。

繊細さを才能に変える「魔法」

HSPという性質はあくまでもあなたの一部

「HSPなんて嫌だ！」「HSPでなかったらよかったのに」と感じていても、ちょっとだけ言葉の使い方を変えるだけでガラッとイメージを変えることができます。

「私はHSPだ」という言葉を使うのではなく、

「私はHSPの性質を持っている」

という言葉に変えてみましょう。

「それで一体何が変わるの？」と疑問に思ったかもしれません。

ですが、このほんのちょっとした言葉の使い方の差が、あなたのセルフイメージを大きく変えるのです。

自分を狭い枠から出してあげる

「私はＨＳＰだ」という言葉を使うと、私の全てがＨＳＰ、つまりは「私＝ＨＳＰ」という意味になります。

自然と「私はＨＳＰ」という「フィルター」を通して世界を見ることになります。

すると、どうでしょう。

もしあなたがＨＳＰに対して「生きづらい」というイメージを持っていたとしたら、生きづらいと感じる現象しか脳がキャッチしなくなります。

とらえ方が偏ってしまい、「私はＨＳＰだから生きづらい」という狭い枠の中で生き続けることになってしまうのです。

これでは、あなたの豊かな才能に目を向けることができず、とってももったいないことですよね。けれども一方で、

「私はＨＳＰの性質を持っている」

「HSPは私の性質の一部だ」

という言葉に変えると、グッと印象が変わります。

確かに、HSPさんは「繊細さ」「敏感さ」を持っています。

でも、時には大胆に行動することもあるでしょうし、世の中の全てのことに敏感、というわけではありません。鈍感な部分も必ず、持っているのです。

HSPはあくまでも、あなた自身をより深く知っていくための「鍵」であり、「ヒント」でしかありません。

あなたのたくさんある面のうちの1つでしかない、ということはぜひ覚えていてくださいね。

それでは次の章からは、あなたの繊細さを才能に変える「魔法」をお伝えしていきます。

あなた自身に素敵な魔法を、かけていきましょう。

Chapter

2

人といると疲れてしまうあなたへ

ＨＳＰさんが人間関係で苦手なシーン5つ

自分のことをうまく話せない

ＨＳＰさんがもっとも、「疲れる」「気を遣う」と感じるのが「人間関係」です。
ＨＳＰさんたちが「こんな場面は苦手！」と思うシーンを集めてみました。

あなたはどれくらい当てはまりますか？

❶早くして！と急かされる

スピードを求められる仕事やせっかちな人が近くにいると、頭が真っ白になってしまいがちです。

HSPさんは他の人が気にしないところも目がいき、1つ1つのことを深く考えて処理をしています。

なので、急かされる環境にいると疲れてしまうのです。

❷自分のことを根掘り葉掘り聞かれる

相手の話をじっくりと聞くのが得意で、カウンセラー並みの傾聴力があるけれど、いきなり自分のことを聞かれるとすぐに答えられずドギマギ。

「こう答えたら相手はどう思うのか？」というところまでしっかり考えて、誠実に答えようとするからこそ、疲れてしまうんですね。

そして頭をフル回転させてちゃんと答えても、意外と相手は興味がなさそう。

そうなると、「つまらないことを言ったかな」と1人反省会をしてしまいます。

❸相手からの気遣いが感じられないとモヤモヤ

共感力が高くて相手のことを瞬時に察知し、気遣いは当たり前にできるＨＳＰさん。**普段から気遣いのレベルがハイレベル**だからこそ、横柄な態度を見るとモヤモヤが湧いてくることがあります。

だけどその気持ちを相手に伝えるのは難しいもの。

時には「私が神経質なだけかもしれない」といった自分への怒りが湧いてくることもあります。

❹報告・連絡・相談が苦手

「自分でも言いたいことがよくわからない」

「上司の前に出ると頭が真っ白になる」

と困ってしまった経験はありますか？

基本的にＨＳＰさんは、**自分でじっくりと考えて自分なりの答えを出すことが得意な「自己完結型」の人が多い**のです（特に、自己対話が多い内向型ＨＳＰさんはその傾向が強くあります）。

他の人が気にしないような細かいところまで気づいているからこそ、「シンプルに簡潔にまとめる」ということに苦手意識を感じやすいのです。

❺優しくされたい、けれど優しくされるのが苦手

実は「相手から認められたい」という承認欲求が強いＨＳＰさん。

「いつもこれだけ気を遣っているから私も優しくされたい」と思うこともよくあります。

でも、**いざ優しくされると「迷惑をかけちゃったかも」と自分を責めてしまうことも。**

優しさを受け取ることを拒否しすぎて、いつの間にか「誰も私に優しくしてくれない」と錯覚を起こしてしまうときもあります。

繊細さを才能に変える「魔法」

「例外」探しをしてみよう

HSPさんが「人間関係が苦手」「生きづらい」と感じるのは、人よりも刺激を受け取りやすいことの他に、「**自分にとても厳しいこと**」が大きな原因です。

HSPさんは気づくことが多い分、自分へのハードルを富士山並みに高く設定しがちなのです。

周りから見たら、「そりゃ、超えられないよ!」と突っ込みを入れたくなるほどに。

そしていつの間にか周りに対しても厳しくなってしまい、そんな自分をまた責める、というループに陥ってしまいます。

ハードルを下げてみる

「仕事は〇〇さんみたいに早くこなさなければならない」
「相手が面白がるような回答をしないといけない」
「報告・連絡・相談はスマートにしないと！」

こんなふうに、**自分で自分にプレッシャーをかけていませんか？**
でも**緊張状態だと、せっかくのあなたの才能も発揮されません。**

もしも、あなたの頭の中に「～しなければいけない」「こうあるべきだ」という考えが浮かんできたら、いったん立ち止まって「魔法の質問」をしてみてください。

「それって本当かな？」
「誰かに言われたんだろうか？」

例えば、「仕事が遅い」と自分を責めてしまうときは、

「仕事が遅いって、誰と比べて？」

「仕事が早いって褒めてもらえたことだってあるんじゃないかな？」

と、「具体的」にしたり、「例外」を見つけたりしていくのです。

これはコーチングで使われる技術です。

落ち込んでいるときや、自分を責めてしまうときは視野が狭まってしまうのが私たち。でも、魔法の質問をすることで、「あれ、そうじゃないかも」と別の視点で物事を見られます。

名探偵になったつもりで、「それって本当かな？」と問いかけていくことで、

「**あれ、意外と自分ってできていることが多い**」

と発見することができるのです。

ＨＳＰさんの「物事を様々な角度から見られる」という才能を生かして、自由な心を手に入れましょう。

人との会話でヘトヘトになる

「人は嫌いじゃないのに、人といると疲れちゃう」


人との会話は、「情報の嵐」です。

刺激を受け取りやすいＨＳＰさんは一気に多くの人と関わると、他の人よりもすぐに疲れてしまいます。

そんなＨＳＰさんが会話で疲れてしまうシーンと対策を集めてみました。

人との会話で沈黙になるのが苦手

職場での上司や同僚との会話や、大勢での雑談のシーン。

ときどき、沈黙になっちゃう場面ってありますよね。そんなとき、

「場の雰囲気をよくしないと！　でも、何を言っていいかわからない……」

なんて気を遣いすぎて空回りすること、ありますか？

繊細さを才能に変える「魔法」
自分への質問力を高めよう

「沈黙はいけないことだ」と思うからこそ、ついつい空回りするHSPさん。
ではどうして、「沈黙はいけない」「なんとなく怖い」と感じるのでしょうか？
そこで、自分自身に**気持ちを「具体化」するための質問**を繰り返していきます。

「上司に話がつまらないと思われるから？　盛り上がらないと、ダメだから？」

←**「どうしてそう思うようになったんだろう？」**

恐怖や不安を「言語化」するだけでも「なんだ、そんなことが怖かったのか」とスッキリしますし、無意識に感じていたことに気づいて、自分の気持ちに寄り添うことができます。

これだけでも癒やしの効果、アリです。

53〜54ページでもお伝えしたように、質問を通して「具体化」していくのはカウンセリングやコーチングでも使われる技術です。

自分とのコミュニケーションがうまくなると、自然と相手とのコミュニケーション能力が上がっていきます。

「どうしても会話が苦手」という場合には相手の「非言語情報」と会話をすることで、「なんだかこの人は居心地がいいな」と感じてもらうことができます。

呼吸のリズム、話し方のテンポ、体の動き、表情などが「非言語情報」です。

なかでも特に、「呼吸のリズム」は内面をよくあらわしています。

相手の呼吸のペースに合わせているだけでも「信頼関係」を築くことはできるのです。

「余計な一言を言ってしまった」と後悔する

人との会話で沈黙になると一生懸命に話題を考えるけど、相手の表情や反応を見て、

「あれ、つまんなそうかな?」

「なんでこんなこと言っちゃったんだろう?」

と後から大反省。

自分を責めて寝られなくなってしまう、なんていうことありますか?

繊細さを才能に変える「魔法」

相手の「考えていること」まではわからない

ＨＳＰさんは相手の考えていることが手に取るようにわかる、と言われていますが、必ずしもそうではありません。

確かに、相手が怒っているのか、悲しんでいるのか、喜んでいるのかなど雰囲気から「感情」を読み取ることは得意です。

でも、ＨＳＰさんでもさすがに「何を考えているか」「どうしてその感情が生まれたのか」までは瞬時にはわからないものです。

「つまらなそうな顔をしていた」というのはあくまでも、自分自身の「解釈」です。「きっとつまらなかったに違いない！」という解釈は入れずに、事実をありのまま受け止めてみましょう。

例えば、あなたの話を上司が無表情で聞いていたとしても、その後で上司があなたが伝えたことをくみとった行動をしてくれていたとしたら、その事実に目を向けてみるのです。

もしかしたら別に心配事があったのかもしれませんし、単に忙しかったのかもしれません。

このように、「相手がどんな態度をしているか」ではなく「どんな行動をしているか」を見るようにすると、心が楽になります。

興味のない雑談が苦痛

職場内の噂話や昨日のドラマのお話、知らない芸能人の話など他愛もない雑談のとき。

一生懸命に笑顔で聞いたり、相づちを頑張って打ってみたりするけど、内心ではその場を離れたいと感じたり、あとからドッと疲れてしまうこと、ありますか？

繊細さを才能に変える「魔法」

そんなに一生懸命、話を聞かなくてもいい

「しっかりうなずきながら聞かないと！」
「笑顔で返さないと！」
会話の中での「マイルール」や「これくらいできて当たり前」という基準が厳しくなりすぎていませんか？

「話がつまらないな」と感じたときは、「今日の夕飯は何にしようかな」などと別の世界に飛んでいってもいいのです。
「そんなの相手に失礼」と思うかもしれません。

けれども、**相手はあなたが思っているほど、真剣に聞いてもらおうと思っていないことがほとんど。**

楽しく未来の妄想をしていると、相手にも楽しそうな雰囲気が伝わるので、角が立つことはありません。

4人以上でしゃべるのは苦痛な人

自分はどう思われているのか不安に

HSPさんが人付き合いで「大変」と思うことの1つに、「4人以上での会話」があります。

1対1なら、お互いのペースで話せるから大丈夫。3人での会話ならまだ入る隙がある。

でも4人以上になってくると、もはや情報の洪水でどうしたらいいかわからない。

そんな場面で、

「なんで、あの人みたいにポンポンと発言できないんだろう」

「私って、頭の回転が遅いんじゃないか」

「ここにいてもいなくても同じなんじゃないかな」


と、気分が沈んだ経験はないでしょうか？

私自身も、同じように悩んでいた経験があります。


会社員時代の会議の場面では、意見があったとしても、

「これを言ったら、どう思われるのか？」

ということばかりを気にしてしまい、結局は静かに聞いているだけ、ということがほとんどでした。


でも、ＨＳＰをヒントに自分のことを知り、ちょっとだけとらえ方を変えただけで、リラックスして人と付き合えるようになりました。

その魔法を、お伝えしましょう。

繊細さを才能に変える「魔法」

大勢でのコミュニケーションを楽にする3つの魔法

HSPさんのコミュニケーションは高級料亭の料理

1つ1つのことを「これってこういうことかな?」とじっくり考えてから発言をしたいHSPさん。でも、大勢での会話だと、考えている間に次の話題にすでに変わっていることもあります。

HSPさんにとっては、一気にたくさんの人とコミュニケーションをとることは、情報の洪水。大盛りのフライドポテトを一気に平らげるようなものなのです。

HSPさんのコミュニケーションのスタイルは、静かな空間で、目で見て香りを楽しんでじっくりと味わう、「高級料亭の料理」みたいなもの。

相手のことを感覚をフルに使って感じながら、相手の気持ちに寄り添って、丁寧に会話ができます。

あなたは決してコミュニケーションが下手なわけではありません。

まずはこのことを自覚しましょう。

「共感」「引き出す」役に徹する

でも実際には、「仕事でどうしても大勢と関わらなければいけない」ということもありますよね。

そんなときにはあなたの共感力を生かして、「寄り添い型のコミュニケーション」を目指してみましょう。

例えばリーダーで言うと「自分の意見でみんなを引っ張る係」というイメージもありますが、そうではなくて**メンバーの意見を「引き出す係」**ととらえると心が楽になります。

私が吹奏楽部でパートリーダーを務めていた頃、「全部自分でやらないといけない」「しっかり指示を出さないといけない」と自分を追い込みすぎて、つらくなったことがあります。

「正解」しか言ってはいけないと思っていたのです。

ですが、もし今、またリーダーを任されるとしたら

「どうやったらみんなでもっとうまくなれると思う？」
「そのためには何が必要？」

と、メンバーそれぞれに質問をしていく役割に徹します。

それぞれが自分で「答えを見つける」のを手伝うだけにします。

これは、コーチングやカウンセリングについて学んでみて腑に落ちたことです。

誰しもが、「人から言われたこと」よりも「自分で考えたこと、選んだこと」の方が熱意を持って行動できます。

ですので、結果的にリーダーが楽になるのです。

HSPさんは共感力、傾聴力、質問力があるので、これからの時代のリーダーになれる才能を十分に持っています。

「カリスマ的リーダー」も格好いいものですが、「寄り添い型リーダー」として存在することもできるのです。

とはいえ、あまりに大勢のチームをまとめるとなると、意見が多すぎて疲れてしまうこともあります。

「嫌だな」という気持ちが大きければ、リーダーになることを「はっきり断る」という勇気も大切です。

一言でも発言できたらOK!

「大勢の会議で発言しないといけない」というときはどうしたらいいのでしょうか。

そのときには、

「一言でも発言できたらＯＫ」

「誰かの発言に対して１つ質問をしよう」

など、小さなルールを決めて参加してみましょう。

そして、**決めたルールを達成できたら、「お、すごいじゃん」と認めていくことで自分を好きになり自信がついていきます。**

生きづらくなっているＨＳＰさんの特徴として、何か少しでもできないことがあると「自分はダメだ」と0点をつけてしまう、ということが挙げられます。

日々の小さな変化が積み重なってこそ、大きな変化が訪れます。

ほんの少しでも、「挑戦しよう」「改善しよう」と思えること自体が、本当はすごいことなのです。

なぜか人間関係が長続きしない

人を遠ざけてしまう理由

人が嫌いなわけじゃないのに、なぜか人を遠ざけてしまうこと、ありますよね。

「この人は気が合うかも！」

と思っても、仲良くなってくるとだんだん重たくなってきて遠ざけてしまうという声もたくさん聞いてきました。

相手が今、何を欲しているかを無意識に気づくことができるＨＳＰさん。

つい相手に尽くしたり優しくしたりするうちに、どんどん頼られてしまってつらい、結果として1人の人と長く付き合えない、なんていう経験があるかもしれません。

「どうやったらお互いが心地よい対等な関係になれる?」
「いい距離感で付き合うにはどうしたら?」

というお悩みに対する解決策を、お伝えしましょう。

繊細さを才能に変える「魔法」

冷たいと思われることを怖がらない

相手の表情や仕草、声色、そしてその場の状況を見て先回りすることができるHSPさん。

相手が頼んできたわけでなくても、必要そうなことを察知できるのが才能でもありますが……。

毎回、先回りする必要はありません。

先回りばかりしていると、だんだん相手も、「この人は何にも言わなくてもやってくれる人なんだな」とだんだんあなたに依存してしまいます。

あなたがついに痺れを切らして、「そんなに頼らないでほしい」と言っても、「急にどうして?」とびっくりされてしまうことがほとんど。

結果モヤモヤが溜まって、その相手から離れるということになりがちです。

対等な関係は作れる

もしあなたが相手に何かをしてあげたいという気持ちになったら、「本当にそれは必要か?」ということを相手に確認するようにしましょう。

「そんなことしたら冷たい人だと思われるんじゃないか？」

と感じるかもしれません。

でも大丈夫です。

あなたが「冷たい」と思っている基準と、相手が「冷たい」と感じる基準は異なっていることがほとんどだからです。

自分の基準と相手の基準を「言葉」ですり合わせて、対等な関係を保っていきましょう。

「〜してあげなきゃ！」「私がやらないと、相手はどうせ気づかない」と思ったときにはいったん立ち止まって、相手を見守ることから始めてみてください。

ちょっとした一言ですごく落ち込む

自分自身を見つめる力が高いHSPさん

HSPさんが悩むことの1つに、相手に言われたほんのささいな一言が気になって、なかなか忘れられないということがあります。例えば、

「考えても仕方ないじゃない」
「誰にでもできるよ」
「さっき言ったでしょう」

言った相手からしたら、「こんな言葉で⁉」と思うことでも、ＨＳＰさんにとってはグサッと胸に刺さるようなことがあるのです。

繊細さを才能に変える「魔法」
「反省する能力がとても高い」と自分をとらえ直そう

ＨＳＰさんは洞察力が高く、「自分自身のことを見つめる力」も高いという才能があります。

「ここが至らない点だ」ということを、自分が誰よりもしっかりと把握しています。

自分の弱点に気づいているからこそ、改めて周りから指摘されるとかなり落ち込みます。

「ダメなところはわかってるし、直そうともしているけど、どうしようもできない」という気持ちになるんですね。すごくよくわかります。

それと同時に、相手に
「もっとやわらかい言い方にしてほしいと言っても、甘えているんじゃないかと思われそう」
と、自分の本心を伝えることができないジレンマも抱えているかもしれません。

でも、そんな自分を責める必要はありません。

「自分の弱い部分、ダメだと感じている部分」を相手にさらすことは、かなり勇気がいるものです。

「弱さを見せることが本当の強さ」なんていう言葉も耳にするくらいですから。
ではどうしたらいいのでしょうか。

〝修行モード〟にならなくていい

もし、誰かの一言に「図星だ」と落ち込むことがあったとしたら、まずは、

「自分のダメなところが自分でわかっているなんて、すごいことだ」

と、自分のことを優しく認めてあげてください。

相手に自分の繊細さをわかってもらおう、と「相手主体」で解決しようとすると余計に苦しくなってしまうことがほとんどです。

それよりはまず、自分自身をより理解して、あなたがいいと思える人のそばにいることが大切なのです。

落ち込む一言を言われたとき、

「**この人の言う通り。この人に認められるように頑張ろう**」

と、自分に厳しく、修行モードになっていませんか？

繰り返しになりますが、HSPさんは、自分で自分の改善点を発見する、自己分析能力が他の人よりも高い人です。

ですので、叱られたり強く言われたりする必要はなく、「諭(さと)される」だけで十分に反省できます。

「自分のダメなところに気づくなんて、当たり前じゃないのかな？」

と思うかもしれませんが、当たり前のことではないんですよ。

そして、**必要以上にキツい言葉を投げてくる人に対しては、**

「**あなたはそう思うんですね**」

とあくまでも、相手の意見として流す。

さらに、あなたのことを「変えよう」としてくる人だったら、全力で逃げる。

相手のことがよく感じ取れるあなたならば、相手が「良心」から言っているのか、あなたを「否定」しようとしているのか、すぐにわかるはずです。

心の底からあなたのことを思っている人が、あなたのことを決めつけるような一言を言うことは絶対にありません。

まずは自分自身を認めること。

そうすると、あなたの可能性をあなた以上に描いてくれる人と、必ず出会うことができます。

Chapter

3

「大丈夫?」と聞かれると泣けてくる人は

涙が出るのは恥ずかしいことじゃない

自分の感情を大切にしよう

「言葉より先に涙が出てきて、うまく話せない」

感受性がとても豊かなＨＳＰさん。自分の気持ちを言おうとするだけでもドバッと感情があふれてきて涙が出てくることは、ありませんか？

あるとき、「どんな場面で泣いてしまうか」というアンケートを２００人以上のＨＳＰさんにしたところ、多くのご回答をいただきました。

- 周りに「大丈夫？」など言われたとき（つらかった場面が頭に浮かび、伝えたいことがあふれて泣きそうになる）
- 周囲の人に「実は苦しかった」ということを打ち明けるとき
- 「本当はこう思っている、こうしてほしい。困っている」と伝えるとき

あなたはどのくらい、共感できましたか？

繊細さを才能に変える「魔法」

泣くことに対するイメージをチェンジ

ところであなたは、「泣く」ことに対してどんなイメージを持っていますか？

「恥ずかしいこと」と、ネガティブな気持ちを抱くＨＳＰさんが多いのですが、その必要は全然ありません。

まずは、自分の気持ちに寄り添い、共感することがとても大切です。


「自分の気持ちを無視するくらいに、周りのために頑張っていたんだな」

「本音に気づいてあげられなくてごめんね」

「たくさんのことを感じ取れる私って素敵だな」


こんなふうに自分の気持ちに寄り添うだけで、スッと穏やかな気持ちになれるＨＳＰさんもいます。

あなたの素敵な「共感力」を、自分に対してももっと向けていきましょう。

涙はあなたの心の声に気づかせてくれる、「愛」のサインなのです。

本音を言おうとすると涙が出てくる

本音が言えなかった会社員時代

抑えていた気持ちを言おうとすると、感情があふれ出してきて、涙が出てしまうHSPさん。

かくいう私自身も会社員時代に、「本音を言おうとすると涙が出てくる」という経験をしました。

新入社員時代に、ちょっぴり厳しい先輩のもとで、怒られないようにビクビクしながら仕事をしていました。

そしていざ、ミスをして指摘を受けたとき本音では、「理不尽じゃないかな」「しんどいな」と思っている自分もいることに気づいていました。

けれども、「怒られるのはありがたいこと」と自分に言い聞かせ、「悲しかった気持ち」や「理不尽に感じた気持ち」は抑え込んでいたのです。

でもあるとき、その様子を見ていたパートの方から、こんな一言をかけられました。

「ずいぶん厳しくされているみたいだけど、大丈夫？」

この言葉を聞いた瞬間に、涙で目の前がかすみました。

「つらい」という本心を言ったら、涙があふれ出してしまう自分の姿が想像できました。

なので、「大丈夫です」と答えるのが精一杯でした。

その後も、周りから心配の声をかけてもらったにもかかわらず、「泣くのは恥ずかしいことだ」「ダメなことだ」と思って、本心を言うことはできませんでした。

自分の気持ちに嘘はつかない

そんな私も「新しい道に進む！」と退職を決意したときに、やっとつらかった本心を打ち明けることができたのでした。

そのときに上司から言われた言葉にハッとしました。

「もっと早く言ってくれたらよかったのに」

そこで初めて、周りの人は受け入れてくれる姿勢ができていたのに、周りを全く信用できていなかったのは自分だったということに気づいたのです。

そのときに心に決めました。

「もう、自分の気持ちに嘘はつかない！」ということを。

繊細さを才能に変える「魔法」

新しい自分になって、「成功体験」を積もう！

なぜ、ＨＳＰさんは自分の気持ちを抑え込んで、本音を言うことができなくなってしまうのでしょうか？

それは**敏感なゆえに、「刺激を受けないようにしよう」とするから**です。

例えば、子供の頃に無邪気に本音を言ったら、お父さんから怒鳴られてしまった経験があるとしましょう。

そのときに、「自分が思っていることを素直に表現すると、怖い思いをするんだな」と学習します。そして、

「相手が喜ぶようなことだけを言おう」
「怒られないように本音は言わないようにしよう」

と決意します（どんな決意をするかは、その子の個性が出ます）。

こういった、幼い頃に無意識に決意したことを、「幼児決断」といいます。

私たちにはそれぞれ、自分が生き残っていくためにとった「戦略」があるのです。

でも、大人になってからも同じ戦略のままだと、生きづらくなってしまうことがあります（もちろん、幸せに生きていくために好ましい戦略もあります）。

子供の頃にした決意を、今のあなたが幸せになるように、新たに決意しなおしていきましょう。

過去の自分を手放す

❶「本音を言うと、○○になる」と紙に書き出す

（例：本音を言うと嫌われる、怒られる、攻撃される、誰かを傷つける）

時間はかけず、思いついたことをサクサクと書いていきます。

❷「それはどうして？」「何がきっかけで？」と深掘りしていく

（例：本音を言うと嫌われる　↓　小学生のとき、友達に嫌われたから）

❸書き出した紙をビリビリと破って捨てて、これまでの信念を手放す

❹別の紙に、本音を言うことによるメリットを思いつく限り書き出す

（例：自分と気が合わない人は離れていき、好きな人と付き合えるようになる。自分らしくいられるようになる）

❺自分の好ましい未来をイメージした新しい信念を書き出す

（例：本音を言うと私はますます愛される。私は本心を伝えられるようになる）

「〜である」「〜になっている」など、断定形で書き出すことが大切です。

また「本音を抑えないようになっている」といった否定語ではなく、「本音を言えるようになっている」といった肯定的な表現で書きましょう。

❻「私は」を主語にして、小さな成功体験を積んでいく

ここまでくると、本音を言うことに対しての抵抗がかなり少なくなっているはずです。

「私はこう思います」「私はこう感じました」という気持ちを相手に伝えていきます。

このときに注意するポイントは、「相手はきっとこう返してくれるだろう」という期待はしないということです。

どのように反応するかは、相手が決めるもの。

「自分の気持ちを言えた！」という、あなた自身ができた行動に、目を向けていってください。

「できたじゃん！」「すごい！」と自分のことを認めていると、いつの間にかあなたの本心を受け止めてくれる人に囲まれていきます。

「言いたくても言えない」がなくなる方法

罪悪感でいっぱいになりがち

普段、エスパー並みに相手の気持ちを読んでいるＨＳＰさん。

他の人よりも刺激を受け取りやすく、ちょっとしたことで疲れやすいからこそ、

「今休んだら迷惑だよな」

「みんな頑張っているのに私だけ怠けるわけには」

と周りの目の方が気になって、なかなか休むのが苦手です。休んだとしてもなぜか

罪悪感でいっぱい。

でも、本当はゆっくり休みをとった方がパフォーマンスも上がるのです。

本当に、HSPさんは毎日よく頑張っているのです。

繊細さを才能に変える「魔法」

言いたいことが言えるようになる3つの視点

相手のことをとっても気遣うからこそ、自分が疲れたり、嫌な思いをしたりしても我慢してしまいがちなHSPさん。

人はどうしても、「自分から見た世界」という狭い視点で1つのことをとらえがちです。

ですがそんなとき、1つの物事を次の「3つの視点」からとらえるようにすると、言いたいことが言えない自分を変えていくことができます（参考：高橋かおり『今日から役立つ 実践！ NLP』）。

❶主観的な視点

あなたが見たり聞いたり、感じたりしている現実世界です。

❷相手の視点

相手の視点から物事を見る視点です。

この視点は大きく2つに分けられます。1つは相手になりきって、相手がどう思っているかを感じ取る「感情的視点」。

もう1つは相手がどう考えているか、どう論理立てているかを感じる「論理的・知的視点」です。

相手視点が強くなりすぎると、「自己犠牲」をしすぎてしまう傾向があります。

❸第三者からの視点、客観的な視点

「自分から見た視点」と「相手から見た視点」という2つの視点から抜け出して、第三者として全体を客観的に見る視点です。

あなたと、相手との関係性を同時に見ることができます。

ただし、この視点が強くなりすぎるとロボット人間、何事にも無関心になってしまいます。

第三者の視点で自分を見る

相手のことを気遣えるゆえに、HSPさんは2つ目の相手視点が強くなりすぎて、言いたいことが言えなくなってしまうことが多いのです。

そんなときおすすめなのが、**3つ目の視点「第三者からの視点」で物事をとらえなおしてみることです。**

あなたでも相手でもない第三者になって、「あなた」と「相手」の今の状況を、映画館のスクリーンに映し出すイメージをしてみましょう。

そんなとき、第三者になったあなたは、どんなアドバイスをしますか？（神様など、慈悲深いアドバイスをしてくれる人になった気持ちで！）

「疲れたときは、疲れたって言えばいいんじゃないかな？」

「相手のことをもっと信頼して大丈夫！」

「自分視点」や「相手視点」から抜け出すと自分では気づかなかった点が見えてくるはずです。そうすると、

「私はこんなことは言ってはいけないんだ」

という思い込みから解放されて、心が自由になっていきます。

物事を多角的に見ることは、ＨＳＰさんの素敵な才能の1つ。ぜひ生かしていきましょう。

「なんで悪口言うの？」HSPさんが苦手な会話

コミュニケーションは気疲れがたくさん！

HSPさんがコミュニケーションの場面で「苦手だな」と思う5つのことをご紹介します。

あなたはどのくらい、当てはまりますか？

❶悪口やグチを聞かされること

「本当、○○さんって仕事できないよね〜。あなたもそう思わない？」

「……そ、そうですかね」

雑談の流れで悪口が始まってしまい、同意を求められると、とっても居心地が悪くなってしまいます。

❷プライベートを急に聞かれること

「○○さんって、休日は何しているの？　彼氏は？」

突然、プライベートな話を聞かれると、

「なんで急にそんなことを聞くの？」

と警戒してしまいます。

❸「気にしすぎだよ！」と言われる

「この部分、どう思いますか？」

「ん〜、気にしすぎじゃない？」

上司や同僚に仕事で気になることを、せっかく勇気を出して言ってみても、この一言で返されると、言いたいことが言えなくなってしまいます。

❹「悩みなさそう」と言われる

気になることが多すぎて、もはやポーカーフェイスで過ごすことを選択していることも多いＨＳＰさん。

でもそうしているうちに悩んでいる姿を見せることができなくなってしまい、

「○○さんって、悩みなさそうだね！」

と周りから異なるイメージを持たれてしまうことがよくあります。

❺間違いを指摘されること

「ここ、間違ってたよ。もっと、注意して見てよ！」

ちょっとキツめな口調で言われると、大きなショックを受けて、なかなか立ち直れないこと、ありませんか？

自分の至らぬ点を誰よりも把握しているからこそ、さらに誰かから注意されると、ズドンと落ち込んでしまいます。

繊細さを才能に変える「魔法」

相手と自分は、びっくりするほど価値観が違う

周りの人に対して、「理解できない！」「なんでそうなるの？」と疑問に思うことはたくさんありますよね。

特にＨＳＰさんは、相手に対してとっても気を遣って頑張っているからこそ、「こうするべきだ」という思いが強くなりがちです。

けれども、**ＨＳＰでもＨＳＰでなくても、人は一人一人、びっくりするほど価値観が違います**。

悪口ばかり言っている人は、それが一番相手と仲良くなれる方法だと、本気で思っているのかもしれません。

プライベートをいきなり聞いてくる人は、隠し事のない、オープンな環境で育ってきたのかもしれません。
あなたに「悩みなさそう！」と言ってきた人は、悪気なく褒め言葉のつもりだったのかもしれません。
これはどちらがいい悪いではなく、人それぞれの個性です。

フィルターを自在に掛け替えよう

それくらい、「とらえ方」は人によって全く異なるもの。

とらえ方が人によって違っている、ということの証拠に、人の脳には「ＲＡＳ（網様体賦活系）」と呼ばれる機能があります。日常にあふれる情報の中で、自分の関心があること、興味がある情報だけを拾いあげていく機能です。

「自分が意識を向けていること」にだけ、人は気づくようにできているのです。

私たちは、自分だけの「フィルター」「色眼鏡」を通して世界を見ているということ。

でも、相手の「フィルター」を勝手に変えることはできません。

ですので、「相手を変えよう！」「なんとか気に入られよう！」とするのはなかなか難しいことなのです。

ここで1つ気をつけたいのが、苦手な人がいたときに、「感じることにフタをする」ということではない、という点です。

「嫌だな」「イライラするな」という気持ちは、「こうじゃなきゃいけない」「こうあるべき」という自分のフィルターに気づくチャンスでもあります。

さらには、あなたが「本当はどうしたいのか」を明確にするきっかけにもなります。

「**私はこういうことを大切にしたいんだな**」

ということを明確にしていくと、だんだん相手のことや自分を受けいれられるようになってきます。

あなたのフィルターは、自由自在にかけかえることが可能です。

「なんで、こうも苦手な人ばかりなんだろう」

と、「苦手な人ばかり見つけるフィルター」で生きることもできます。

「私の周りは素敵な人ばっかり！」

という、「素敵な人ばかり見つかるフィルター」で生きることもできます。

あなた自身のフィルターは、あなた自身で選ぶことができるのです。

3人以上の会話では聞き役ばかり

話に入れないのはなぜだろう

「3人以上で話をすると、入る隙がなくて聞き役ばかりになってしまいます」
「たくさんしゃべれる人がうらやましい」
「つまらなそうにしているって思われていないか心配です」

あるHSPさんからこんなご相談をいただいたことがあります。
1つの話題をじっくり考えたいという気持ちがあって、あんまり前に出ていかないことも多いHSPさん（特に、内向型HSPさんはその傾向が強いようですね）。

だからこそ、「おとなしい」「全然しゃべらない」という印象を与えることも多いかもしれません。

けれども、心の中は感じていることを整理するために大忙し。
興味のある話題だったら、自分の意見がないわけでもないし、むしろ自分の意見はちゃんとまとめてから言いたいと思っています。
ですので、結果として聞き役になることが多いのです。

でも、**コミュニケーションのあり方は、どんなあり方もOK**なんです。
そんなことが実感できるコツを、お伝えしましょう。

繊細さを才能に変える「魔法」

「後から意見を言う」のもアリ！

「その場で意見を言わないといけない」

「瞬時に答えが出せる人がすごい」

という思い込みで自分にプレッシャーをかけてしまっていませんか？


ですが、「後から意見や感想を伝える」という選択肢を加えてみると、どうでしょう。

負担のない伝え方のコツ

ある人がセミナーを開催したときのことです。

参加者はほとんど、お互いに和気あいあいと意見を交換し合ったり、講師への質問を活発にしたりしていました。

でもその中に、ひたすら聞き役に徹していてほとんど発言せず、「あれ？　この人は楽しんでいるのかな？　興味ないのかな？」という方が1人いたそうです。

講師も「満足していなかっただろうか」となんとなく気になっていました。

後日、その方から1通の手紙が届いたそうです。

そこにはセミナーの感想や感動した気持ち、気づいたことなどがぎっしりと書いてありました。

「この人、そんなところまで見てくれていたんだ」

と一気にその参加者さんに対する印象が変わったのです。

「感情を伝えるのはそれぞれのスタイルがあるんだな」ととても思い出に残る出来事だったそうです。

このように、後からの行動次第でも、相手からの印象はガラッと変えることができます。

例えば、会議や友達とのお話の場面では、

「**聞き役に徹しよう**」

「**一言でも話せたらＯＫ**」

と決めます。
そして、終わったあとにあなたの意見を伝えましょう。
話すより文章が得意！という場合は、文章で後から伝えてもいいでしょう。
一対一で話せるときに直接伝えるのもおすすめです。

話すのが苦手なＨＳＰさんでも、これならできそうな気がしてきませんか？

過去を思い出して落ち込んでしまう

ふとしたことが引き金になる

ＨＳＰさんは他の人に比べて記憶力がいいと言われています。

どうしてかというと、脳の神経システムが他の人より敏感で、過去の記憶に瞬時にアクセスすることができるからです。

「なんであのとき、あんなことをしたんだろう」

「どうして○○さんは、あんなことを言ってきたんだろう」

と、ふとした瞬間に過去のことを思い出して、落ち込んだり自分を責めたりしてしまう……そんな経験はありませんか？

人は、常に外側からの刺激を「五感」を通して無意識に受け取っていて、その情報がどんどん、無意識に蓄積されています。

そして、匂いや景色、人などのふとした刺激が引き金となって、蓄積されている情報が引き出されるのです。

「この刺激があったらこんな状態になる」というパターンが日々、出来上がっていきます。

過去を思い出して落ち込むときは、

「過去の映像を思い浮かべると嫌な気分になる」

というパターンが出来上がっているだけなのです。

では、どうやってそのパターンを変えていったらいいのか、お伝えしましょう。

繊細さを才能に変える「魔法」

「じゃあ、どうしたらいいかな？」という魔法の質問をする

過去を思い出して落ち込むＨＳＰさんは、「なんで」「どうして」と、「原因探し」をすることが癖になっています。

でも、**「なんで？」という質問は脳にとっても負荷をかける質問**だということをご存じでしたか**？**

未来に目を向けられる魔法の質問

想像してみてください。

誰かと会話しているときに、「なんでなんで」とひたすら聞かれたとしましょう。

そうすると、答えを考えるのに疲れてしまいますよね。

その質問攻めを、自分自身に対してやっているのと同じことなのです。

例えば、「なんで○○さんはあんなひどいこと言ったんだろう?」という質問の答えを考えてみましょう。


「きっと、私のことが嫌いだったからだ」

「私がダメな人間だったからだ」


少し極端な例ですが、このように事実かどうかわからない理由を脳が勝手に考え出してしまいます。

そして、自分を責め続けるという負の連鎖にハマってしまうのです。

そんなときには、自分に向けて「魔法の質問」をしてみましょう。


「**じゃあ、私はどうしたらいいんだろう? どうなりたいんだろう?**」

この質問をすることで「原因を探す」のではなく「解決策を探す」ための思考に切り替えることができます。

未来に目を向けて、「あなたがなりたい未来のための行動」を探せるようになるのです。例えば、

「過去を思い出して後悔するのではなく、これからの私が心地よくなるためにはどうしたらいい？」

こんなふうに自分自身に質問してみてください。そうすると、

「好きな映画でも見てみようかな」
「散歩でもして、体を動かそうかな」
「落ち込んでいるのはもったいない。大好きな趣味をする時間にあてよう」

といったように、「解決策」を探す視点が出てくるのです。

最初からうまくできなくてもかまいません。

好きなことリスト、リフレッシュリストとして50個ほど書き出しておくのもおすすめです。

そうやって、視点を過去から今へ、そしてワクワクする未来へと移していきましょう。

気づきすぎて気づかないフリをする

実は鋭い視点の持ち主

ＨＳＰさんが疲れてしまう原因の１つに、

「他の人が気づいていないところまで気づく」

ということがあります。

では、そんなＨＳＰさんたちはどんなときに気づかないフリをすることが多いのでしょうか？

- 街で知り合いを見かけたとき
- 気づいたことを指摘したら、相手が嫌な思いをしそうなとき
- 誰かにじっと見られているとき
- 会話している相手が本心で言っていないことを察したとき

あなたはどんな瞬間に、「気づかないフリ」をしますか？

繊細さを才能に変える「魔法」

あなたの本音を聞いて、ホッとする人もいる

ＨＳＰさんも本音では、「気づいたことを相手にズバッと言いたい」と思っています。

けれども、「こんなことを言ったら相手を傷つけてしまうのではないか？」「面倒な

人だと思われるのではないか」と、言ったあとのことまで想像できます。

その結果、何が正解なのかがわからず、「気づかないフリ」という選択をします。

でも、頭の片隅ではずっと気になっていて、モヤモヤが溜まっていくので、結果として疲れてしまうのです。

そんなときに、どうしたらいいのかというと、

「私、こういうことに気づいたんだよね、本当はこう思っているんだよね」と本音で話せる相手を1人でも作っておくことがおすすめです。

HSPさんの毒舌は的確

基本的にはとっても優しいHSPさん。

でも、かなり「毒舌」な一面もあること……なんとなく自分でも気づいていませんか?

「グチや悪口は絶対に言ってはいけない」

「本音を言ったら、嫌われる」

なんて、思わなくっていいのです。

実は、あなたのちょっぴり毒舌を聞いて、ホッとしたり強く共感したりする人もいるのです。


その証拠に、ある外向型HSP女性とのエピソードをご紹介しましょう。

彼女は明るくて、みんなを元気にさせる存在。私も彼女のことを「グチも言わずに、感謝を忘れない素晴らしい人」と、とにかく尊敬していました。

ところがだんだん仲良くなってくると、菩薩のような彼女の「毒舌」を聞く機会が増えていったのです。

でも驚いたことに、私は「この人、嫌だな」とは一切思わなかったのです。

「なんだ、優しいところも素敵だけれども、すごく面白い人じゃないか！」

と親近感が湧きました。むしろ、「私もそう思ってた！」と共感することばかり。

ホッとして、より仲良くなることができたのです。

HSPさんの「本音」や「毒舌」は真をついていて、的確なことがほとんど。

「もっとよくしたい」「もっとこうだったらうまくいくのに」という向上心からであり、「愛」ゆえの本心です。ただのグチや悪口とは違うことが多いのです。

複数の自分を演じると楽になる

「いつも本音を言っていたら、嫌われるんじゃないか？」と思うかもしれません。

もちろん、いつも本音を言う必要はありません。

場面によって「仮面」はつけかえていくことが大切です。

実は、「ありのままで生きよう！」「素の自分でいよう！」「本音を言わなきゃ！」と思いすぎると苦しくなってしまうこともあります。

心理学では、場面によって仮面をつけかえられる人ほど生きやすいと言われています。

言いかえれば、**場に応じて「演じる」ことができる人ほど、楽に生きていけるのです。**

もしあなたが今まで、「気づいたことがあっても、その場の空気に配慮して言わない仮面」をずっとつけてきたのなら、ぜひこれからは、「本音も毒舌も言う仮面」も育ててみてください。

今はＳＮＳなどを通して自分と似たような考え、価値観を持っている人に出会うことは簡単になりました。ＨＳＰさんが本音を発信しやすい環境になっているのです。

あなたの気づいたことや本音に強烈に共感する人が、たくさんいるのです。

Chapter

4

その不安は まぼろし

根拠のない不安が
みるみる飛んでいく！

過去の記憶が恐怖を呼び起こす

「職場でいつも不安になってしまう」
「嫌だった記憶がふとよみがえってきてつらい」

刺激を受け取りやすいＨＳＰさんは、他の人に比べて恐怖や不安を感じやすい傾向があります。

そんなとき、簡単に不安や恐怖を解消するにはどうしたらいいのでしょうか？

そのヒントは、「五感」にあります。

人はたくさんの記憶を「五感情報」として記憶しています。目で見たもの、耳で聞いたもの、鼻でかいだ匂い、舌で感じた味、体の感覚などです。

その五感情報をさらに細かく分類すると、構成要素（＝サブモダリティ）があります。サブモダリティはあなたの状態（感情）と直結しています。

例えば、夕日を見ると寂しい気持ちになる、とか海の匂いがすると気分が高揚するなどといったことです。

サブモダリティの種類

- 視覚サブモダリティ（色、形、明るさ、彩度、動き、距離、位置など）
- 聴覚サブモダリティ（音の大きさ、音程、音のスピード、リズム、音の聞こえる位置など）
- 体感覚サブモダリティ（味覚、触覚、嗅覚）：温度、湿度、感触、重さ、圧力、匂い、味など）

参考：高橋かおり『今日から役立つ 実践！ NLP』

同じ海を見てもどんな感情になるかは人によって違いますよね。

2人で海を見たとしても、1人は「綺麗だな」と心地よさを感じるけれど、もう1人は「海は怖い場所だ」と感じるかもしれません。前者は、海の五感情報が「心地よさ」に直結していて、後者は「恐怖」に直結しているということです。

このサブモダリティを変えることができれば、感情も変化させることができます。

感情は自在に変えられる！

例えば「小さい頃にお父さんに怒られて怖い思いをした」という記憶があるとします。お父さんの姿や来ていた服(視覚)、声の質(聴覚)、怒られているときに感じた胸の痛み(体感覚)といったサブモダリティがあることが考えられます。

まず、頭の中で「怒っているお父さん」を少し遠くにイメージしてみましょう。すると、頭の中の「お父さんの声」も遠ざかります(小さくなります)。

すると、どうでしょうか。

視覚のサブモダリティの「距離の要素」を少し変えるだけで、結果的に怒っているお父さんの迫力が驚くほど小さくなり、恐怖の感情も大幅に小さくなるのです。

このように、その記憶に結びついている感覚のサブモダリティを少しでも変化させることができれば、記憶に対する感情は自在に変えることができてしまうのです。

ではここから、私の師匠である米国NLP協会認定トレーナーの高橋かおりさんから学んだ手法を参考に、不安を消すための具体的なワークをお伝えします。

繊細さを才能に変える「魔法」

不安、恐怖がなくなるうずまきワーク

なるべく静かな環境、そして声を出しても大丈夫な場所で取り組んでみましょう。

❶ありありと思い出して、再体験する

嫌な感情を感じたときのことを当時の自分になりきってありありと思い出します。

（例：上司に叱られて恐怖を感じた場面、人前に立っているときに不安を感じている自分）

❷見える・聞こえるものに注目する

再体験したままの状況で何が見えますか？　何が聞こえますか？

（例：上司が怒っている顔、聴衆が苦笑いしている顔）

❸感情を体のどの部分で感じているかを探す

「怖い！」「嫌だ！」という気持ちを体のどのあたりで感じるかを見つけます。

（例：おでこのあたりに感じる、背中がゾワゾワする）

❹感情をうずまきに見立てる

あなたが感じている気持ちが、うずのようにぐるぐると回っているイメージをします。その部分に手を当てて、じっくりと感じている感情に意識を向けてみます。

そのぐるぐるは右回転、左回転、どちらの向きにぐるぐる回っていますか？

不安を吹き飛ばすワーク

参考：高橋かおり『今日から役立つ 実践! NLP』

❺一緒に指を回し、うずまきをスピードアップさせる

感情がぐるぐる回っているイメージと一緒に、手を回します。

ぐるぐるうずまきの回転の勢い、大きさをどんどん大きくしていきます。「これ以上無理だ」「これがマックスだ」と思うくらいまで思いっきりです！

❻ポイッと放り投げる

うずまきがパーンと弾けるようなイメージの声を出しながら、体の外へうずまきを放り投げます。

「さようなら！」「ポイ！」「おりゃー！」など、しっくりくるものであればなんでもかまいません。

はい、これであなたの不安や恐怖はどこかへ飛んでいきました。

考えてみると、「痛いの痛いの飛んでけー！」も同じ原理ですね。

「本当に効くの？」と思うかもしれませんが、ぜひ一度、まずは試してみてください。

「ずっと考えちゃう」キツい一言を1分で忘れる方法

苦手な人が怖くなくなる！

「威圧的な上司のことが頭を離れなくて、ずっと考えてしまいます」

昼間に職場で言われたちょっとキツい一言や、機嫌の悪い人のパワーを受けて夜もずっとその人のことが頭を離れないということはありませんか？

ちょっとした出来事も頭に焼き付いて離れなくなってしまう、ということがＨＳＰさんにはよくあります。

特に、怒っている人のパワーは強烈なので、なかなか頭から離れなくてずっと気になってしまいますよね。

実は**ユーモアを交えた「あるイメージ」をするだけで、機嫌の悪い人が怖くなくなり、切り替え上手になることができます。**

こちらも前項で紹介したサブモダリティチェンジの一種です（参考：梯谷幸司『なぜかうまくいく人のすごい無意識』）。

このワークを実践すれば、自分の大切な時間を豊かに過ごせるようになります。

落ち着ける空間で試してみてください。

繊細さを才能に変える「魔法」

巨人イメージワーク

❶自分がどんどん、大きくなっていくイメージをする

（身長１００メートル以上の巨人になるようなイメージ！）

❷大きくなったあなたの足下に、機嫌の悪い人や怒っている人がいるイメージをする

あなたの頭を離れない人が、大きくなったあなたの足下であなたのことをペシペシ叩いたり、怒っている姿を想像します。

でもあなたは巨人になっているので、痛くもかゆくもありません。

「なんか可愛いな」「くすぐったい？」くらいの気持ちになったり、クスッと笑えたりしてきたらＯＫです。

❸相手をつまみ上げて、ポイッと遠くへ投げる

あなたの足下にいる相手を、手でつまみあげて遠くにポイッと投げるイメージをします。

実際に体を動かしてやってみるとさらに効果的です。

苦手な相手は自分の中で小さくしよう

相手を投げることに戸惑いを感じたら、風船やロケットで飛ばすイメージでもいいでしょう。あるいは、相手の上をまたいでいくイメージもおすすめです。

❹もう一度、相手のことを想像してみてください

どうでしょうか?「怖い!」「嫌だったな」という気持ちがなくなり、「たいしたことないじゃん」という軽い気持ちになれたら成功です。

「まだちょっと怖い」という感覚がしたら、何度か繰り返し、行ってみてください。

会うと緊張してしまう相手に対しての「五感情報」を変えることで体の反応も変わってきますので、試してみてくださいね。

不機嫌な人がいると「私のせい？」と思う

人の感情の影響を受けやすいＨＳＰさん

「私、何か気に食わないことしてしまったかな？」

近くにいる人が怒っていると、なぜか自分のせいだと思ってしまい、居心地が悪い。

内心、ビクビクして自分のことに集中できなくなってしまったり、なんとかしようと自分から近づいていって、余計に火に油を注いでしまったり……。

ＨＳＰさんがもっとも大きなストレスを感じる場面かもしれません。

私自身も、新入社員時代に同じような経験をしていました。

けれども、これからご紹介する魔法に出合って、かなり楽になりました。

簡単ですので、ぜひ試してみてくださいね。

繊細さを才能に変える魔法

カマキリがカマを振り上げているだけと思って見る

不機嫌な人が近くにいると、どうしても気になってしまう場面がありますよね。

その場を離れてしまうのが一番ですが、なかなかそれができないという状況もあるかと思います。

そんなとき、どうやったら相手と自分の境界線をうまく引くことができるのか、簡単なイメージワークをお伝えします。

もしも、あなたのそばで不機嫌な人がいたら、

「カマキリがカマを振り上げているな」

と想像しながら相手を見るようにしてみてください。

そうすると、なんだか大したことのないように見えてきませんか？

実際、あなたの目の前に小さなカマキリがあらわれて、威嚇(いかく)してきたところを想像してみてください。

「私のせいかな？　どうしよう、怖い！」とはならないはずです。

もしあなたのせいでカマキリが怒っているとしても、

「うんうん、ごめんね。なんで怒っているの？」

と冷静に対応できるのではないでしょうか。

相手を別の生き物だと思ってみる

あなたと違ってちょっとしたことで**不機嫌になる人のことは、「別の生き物」として俯瞰**（ふかん）**して見る**、というのがポイントです。

あるＨＳＰさんは、「熱帯魚を見るように、周りの人を見るようにしたらあまり影響されなくなりました」とお話ししてくれました。

イメージしにくい場合は、自分が神様になったつもりで、

「**ほっほっほ。人間たちよ、小さなことで怒っておるの～**」

と上から俯瞰して見るようなイメージをしてみてもいいでしょう。

ユーモアのある視点を持つこと

ふざけているように感じる方もいらっしゃるかもしれませんが、あなたの脳内にイメージとして「何を描くか」であなたの状態は変えることができます。
これは、私が勉強してきたＮＬＰ心理学でも言われていることです。

刺激を受け取りやすいＨＳＰさんは、怒っている人の非言語情報も他の人よりも強く受け取るので、神経が興奮しやすく、それによって不安や緊張を感じがちです。

舌打ちや、ため息、貧乏ゆすり、怖い表情、いつもよりも荒い動き
＝「怖い」「私が悪いのかなと感じる」

というパターンが出来上がりやすいのです。

でも、それらを自分で瞬時に別のイメージに描きなおしてしまうことで、「あれ、そんなに怖くないな」と冷静に見る視点を取り戻すことができます。

NLP心理学では、**人が変化するときに必要な力は3つあると言われています。**

それは、「強さ」「優しさ」。

そしてもう1つが、「ユーモア」です。

どんな状況も深刻にとらえすぎず、こうしたワークで「クスッ」と笑うことができたら、あなたは大丈夫なのです。

イマジネーション豊かなHSPさんですから、クスッと笑える想像をすることも得意。

ぜひいつもと違った視点で、周りをとらえてみてくださいね。

誰かが見ていると緊張してしまう

「職場で、なかなか落ち着いて仕事ができません」

人目があると緊張してしまうＨＳＰさん。ＨＳＰさんが仕事でよく悩む場面と、その対策についてお伝えします。

人目があるとなぜか集中できない

仕事で常に誰かに見られているような状況だと、

「落ち着かない」「監視されている気分になる」「１人で集中したい」

と思うことが多いようです。

繊細さを才能に変える「魔法」

あなたにとって働きやすい環境を作ろう！

作業をするときは、誰もいない場所で黙々と作業をすることが得意なＨＳＰさん。今の職場がそういう環境でないのであれば、外部の刺激をカットする工夫をしてみましょう。例を挙げます。

- デスクの周りにパーティションや好きなものを置いて、安心できる空間を作る。
- 可能であれば、耳栓をして音を遮断したりイヤホンで好きな音楽を流したりして仕事をする
- 洋服や小物など自分の好きな手触りのものを身につけ、緊張したらそれを触って気持ちを落ち着かせる

一度に多くの仕事が降りかかってくるのは苦痛

「〇〇さん、次これやっといてね！」

「あ、こっちもお願いね！」

次々と仕事を任されると、

「もう、どこから手をつけていいか、わからなくなってきた」

だんだん頭の中がごちゃごちゃになってしまい、思考停止してしまうこと、ありませんか？

繊細さを才能に変える「魔法」

朝、仕事の優先順位をつけて順番に片付けていく

仕事を始める前の朝の時間や前日の夜に、「その日に終わらせなければいけない仕事」を優先順位順に5つ書き出しましょう。

そして朝から優先順位の高い順から1つずつ終わらせていき、終業時にその紙は捨ててしまいます。

たとえ4つ目や5つ目に挙げた仕事ができなくても、優先順位の高い仕事はできているからOK。


「やらなきゃいけない仕事は終わらせることができた！」

と「できた方」に目を向けましょう。

完璧主義で手が抜けない

たくさん仕事がふりかかってきていっぱいいっぱいだとしても、

「全部ちゃんとやらなきゃ！」

と、とっても丁寧に仕事をするあなた。

「もっと手を抜いていいのに！」「スピードも大事だよ！」と言われても手を抜くことがどうしても苦手です。

繊細さを才能に変える「魔法」

6割程度の力でOK！と自分に許可を出そう

他の人よりも仕事で気づく「穴」の数が多いHSPさん。

1つ1つの穴を埋めていくように、仕事をしていくので、「自分は仕事が遅い」と感じる人も多いようです。

そんなときは、

「6割程度の力でやってみよう」

と自分に許可を出してみましょう。

「そんなことで大丈夫？」と心配になるかもしれませんが、まずは1回、試してみましょう。

HSPさんにとっての「6割程度の力」や「手を抜いているかな？」と感じるレベルは、他の人から見たら全く手を抜いているようには見えません。

むしろ、とっても丁寧です。

最初はちょっと勇気がいるかもしれませんが、「力をゆるめても大丈夫なんだ」という成功体験を積んでいきましょう。

休みの日も考えごとばかりしてしまう

オフの時間もクタクタ

頭がいっぱいになりやすいHSPさん。休日も、考えごとばかりになって、次のような状態になっていませんか？

❶休みの日も仕事のことが頭を離れなくて、休んだ気がしない

「ちゃんと、私がいなくても仕事が回っているかな」

「誰かに迷惑かけていないかな」

うまくいくか心配になる仕事や、平日の仕事中に上司から言われたちょっと気になる一言。

休みの日も、食事をしていても楽しいことを考えようとしても、何をしていても気づけば考えごとばかり。

「せっかくの休みの日なのに、全然リラックスできない」

と思っていませんか？

❷長い時間、寝てしまう

普段から考えごとが多くて、人よりも疲れやすいところがあるＨＳＰさん。

しかも、夜に考えごとをしてしまうと寝つきが悪くて睡眠不足になりがちです。

休みの日となると、普段の疲れが出てしまい、

「なかなか起きられなくて昼まで寝てしまう」

という経験をしたことはありますか？

❸仕事のパフォーマンスが落ちて、負のループに

「休みで疲れが取れなかった……」
「仕事での集中力が落ちている気がする」

考えごとばかりしている休日のせいか、だんだん疲れが溜まっていき、仕事でもミスが増えていく。そしてミスが増えてしまう自分を責める、という負のループにハマっていませんか？

繊細さを才能に変える「魔法」
悩みごとをするときの「パターン」を発見してシンプル解決

休みの日に、仕事の不安で十分にリラックスできないのは、つらいことですよね。

でもほんのささいなことで、切り替え上手になることができます。例えば、

「リビングの椅子に座ると、ぐるぐると考えごとをしているなぁ」

「夜寝る前のベッドの中で、仕事で嫌だったことを思い出すなぁ」


といった自分の「パターン」を認識していますか？


私たち人間は「パターン」の生き物です。

ですので、無意識に出来上がっているパターンに気づいて壊すことで、解決の糸口が見えます。

ぐるぐる思考をするのはどんなとき？

どんな場所、時間帯、そのときの姿勢、気温など、どんな条件が揃うと、過去を振り返る思考が始まるでしょうか？

ここでは、アメリカの心理療法家、ビル・オハンロンの手法をもとに、考えごと（ぐ

るぐる思考）を手放すヒントを紹介しましょう。

❶考えごとは、どれくらいの頻度で起きていますか？

（例：週に1回、1日に1回など）

❷考えごとをしがちなのはいつですか？

（例：時間、曜日、何日頃、週末だけ、昼だけなど）

❸考えごとは、どのくらいの時間、継続しますか？

（例：30分、1時間、1日中など）

❹大体どこで起きますか？

（例：会社に行く前、ベッドに入ったときなど）

❺考えごとをしてしまうとき、あなたは何をしていますか？

（例：スマホを見る、食べ物に逃げる、誰かに話すなど）

❻考えごとをしているとき、あなたの周りの人間はどんな言動をとりますか？

（例：アドバイスをくれる、非難する。あなたがよく言われることなど）

これで、あなたのパターンの詳細な観察が終わりました。

いつものパターンが見えてきましたか？

行動を変えると思考が変わる

次は、このいつものパターンに対して、行動を「ちょっとだけ」変えていきます。

行動をちょっとだけ変える方法を8つお伝えします。

一番実現可能なものを試してみてください。

「こんなことでいいの？」と思うくらいささいなことでかまいません。

❶考えごとが起きる時間を変える

（例：夜に考えごとが多い　↓　朝に考えごとをするようにする）

❷考えごとが起きる直前にやっていることを変える

（例：スマホでＳＮＳを見ている　↓　外で運動する）

❸考えごとが起きた直後にやっていることを変える

（例：じっと椅子に座り続ける　↓　立ち上がって伸びをしてみる）

❹考えごとが起きる前後や起きている間、周りの人間がしている行動を変える

（協力してくれる人がいるならば）

（例：考えごとをしてるなと気づいたら　↓　一言声をかけてもらう、話を聞いてもらう）

❺考えごとが起きたら服を着替える

（例：落ち込む出来事を思い出した　↓　靴下だけはき替える）

❻家の中でも外でも、考えごとが起きる場所を変えてみる

（例：考えごとはいつもリビングでする　↓　近所の公園でする）

❼考えごとが起きている間に、体を動かしてみる、または動かさない

（例：椅子にじっと座っている　↓　立ち上がって伸びをしてみる）

❽考えごとの内容を変えてみる

（例：失敗をクヨクヨ後悔してしまう　↓　「心地よい気分になるにはどうしたらいい？」など、未来に意識を向けてみる）

これまでの「パターン」を壊して「ぐるぐると考えごとをする時間」を、「リラックスして休む時間」に変えていきましょう。

Chapter

5

ネガティブと仲良くなろう

共感しすぎてしんどくなってしまう

つらくなる情報をシャットアウトするコツ

日々、私たちはたくさんの情報を受け取っています。

共感力がとっても高いＨＳＰさんにとっては、情報が多すぎて心がしんどい、と思うことも。

- 悩みごとを聞くと、自分のことみたいに悩んでしまう
- 悲しいニュースやドラマを引きずる
- 人が怒られたり、悪口を言われたりしていることがつらい

織細さを才能に変える魔法

ワクワクする情報だけを受け取る2つの視点

現代ではスマホやテレビのニュース、周りの人の会話など何もしなくても情報が周りから入ってきます。

だからこそ、**情報を意図的に「受け取っている」のではなく、「受け取らされている」状態になりがちなのです。**

そうなると、「共感スイッチ」がずっとオンになってしまい、つらい状況が続くことになります。

ですが、次の2つのポイントを意識すると、目の前の情報を「受け取る」か「受け取らない」かを瞬時に判断できるようになります。

まず1つ目の判断ポイントは、「自分の日常に必要な情報かそうではないか」という

ことです。

例えば、通勤電車のダイヤが乱れている、ゴミの収集日といった、「生活していく上で知らないと困る情報」「緊急性のある情報」のことです。

2つ目の判断ポイントは、「自分がワクワクする未来を叶えるために必要な情報かどうか」、ということです。

仕事のスキルアップのための情報はもちろん、プライベートを充実させるための、趣味の情報もそうです。

さて、今日1日を振り返ってみて、あなたの心がほっこりしたり、自分の楽しい未来のために役立ったりする情報をどのくらい受け取りましたか？

傷つかないスマホとの付き合い方

「今の状況ではなかなか難しい」と感じる方もいらっしゃるかもしれません。

そんな場合は「完全に」「完璧に」いらない情報をシャットダウン！とまではしなくても大丈夫です。

まずは、

- **スマホを見る時間を少なくしてみる**
- **時間を決めて自分が楽しめる情報を調べてみる**
- **悩みごとを1個聞いたら、その分1個ワクワクする情報を調べてみる**

というふうに少しずつ、工夫をしてみてくださいね。

楽しさや喜びも強く感じる感性を持っているＨＳＰさん。

ワクワクする未来を作っていくための情報に、意識を向けることで、余計なストレスから解放されますよ。

「怒り」を溜め込んでいませんか？

自分ばかりが苦労している気がする

「まじめに仕事をしない人を見るとモヤモヤと怒りが湧く」
「両親のことがなかなか許せません」

HSPさんはとっても優しくて良心的なので、「怒る」ことに罪悪感を感じがち。

だからいつの間にか、自分でも気づかないうちに「怒り」を溜め込んでいます。
それがある日突然爆発したり、「なんかわからないけどモヤモヤしてやる気が出ない」という行き場のない感情につながったりしがちです。

「自分だけが不当に扱われている」

「言いたいことが言えていない」

そんな感覚に陥って、自分を責めてしまうことが多いのです。

では、どうやったらHSPさんは上手に怒りを発散していけるのでしょうか。

繊細さを才能に変える「魔法」

頭の中に、クレーム対応の神様を育てる

怒りを感じる瞬間があったら、

「そりゃ、怒るよ！　許せないよね！　その気持ち、わかるわかる！」

と自分自身に対してまずは盛大に共感をしてあげてください。

「相手も大変だったんだろうな」
「私がいけなかったんだよね」

という、「思考」や「理性」の声はいったん脇に置いておきましょう。

自分にとことん寄り添ってあげよう

「まずは相手にペースを合わせる」「共感する」ということはコミュニケーションの上で相手の心を開かせる技術。それを自分自身に対して、使っていきます。

例えば、クレーム対応がうまい人は、怒っているお客さんに対して、

「そうですよね、お客様の立場だったらお怒りになりますよね、お気持ちお察しいたします」

と、まずは相手に寄り添って話を聞くそうです。

「そんなに怒らないでください」となだめたり、相手の話を遮ったり、自分の主張を先に言うということはありません。

そうすると怒っている人も、「この人は話を聞いてくれるな」と心を開き、むしろ大ファンになってくれるということもあるのです。

子供の頃を思い出してみても、怒っているときに「そんなことで怒らないの！」と叱られたら、やり場のない怒りをどうしたらいいか、わからなかったと思います。

「いったんは受け止める」ということがとっても大切なのです。

ＨＳＰさんは相手に寄り添うのはとっても上手です。

けれども、意外と自分自身に寄り添うことは苦手なのです。

ですので、いつでもあなたの気持ちを受け止めてくれる、「クレーム対応の神様」を自分の中に育てていきましょう。

怒りも大切な自分の一部

また、**怒りの奥には、「もっとこうしたかったのに！」という意欲が潜んでいます**。

例えば、相手にせっかく気持ちを伝えたのに誤解されて、「なんだかうまく伝わらなかった。もっとこっちの気持ちをわかってよ！」という怒りを持ったとします。

それは、よくよく見ると、

「もっと相手から愛してもらいたい、仲良くしたい」

という意欲があるから怒りを感じていることが多いのです。

怒りを感じたら、感情を肯定しつつ、怒りの裏側にある「本当の気持ち」を見つけてみてくださいね。

「**そうだよね、怒るよね。だって、本当は〇〇したかったんだもんね**」

そんな言葉がけを自分にしていくことで、モヤモヤとした怒りを溜め込むことがなくなっていきます。

自分とのコミュニケーションが上達すると、冷静に相手に気持ちを伝えることもできるようになっていくのです。


それでもどうしても怒りが収まらないという場合は、歌やダンスなど自分なりの発散方法を見つけておくのもおすすめです。

怒っているときには、激しめの曲を聞くと怒りに寄り添うことができて、スッと落ち着くこともできます。


感情はガソリンみたいなものです。

ですので、しっかりと感じきって「燃やす」ということが大切です。


感情に「いい」「悪い」はありません。

「怒るのは悪いこと」と思いがちですが、怒れるというのはそれだけ元気で健康な証拠。

それだけ、パワーがあるということなのです。

怒りが強い人は情熱的、と言い換えることもできます。

喜怒哀楽、ぜんぶ楽しんで、濃い人生を生きることができる、それがＨＳＰさんのステキなところ。

「怒り」も自分の大切な一部として扱ってみてくださいね。

本音を言えない人は心が強い

実は器が大きいＨＳＰさん

「いつも言いたいことを我慢してしまう」

と周りの人と比べて落ち込んだり、自分の気持ちを抑えるのが当たり前になったりしているＨＳＰさん。

実は、周りのことを考えて言いたいことをぐっとこらえられる人は、それだけ感情を受け入れる器が大きいからこそ、我慢ができるのです。

言いたいことを言えない人は、誰よりもメンタルが強い人なんです。

逆に、すぐに言いたいことを言える人は、心の中にモヤモヤを溜めておくのが苦手です。

わかりやすくコップにたとえてみましょう。

言いたいことを言えずに悩むＨＳＰさんの心のコップは大きくて、たくさんの水（＝感情）を入れることができます。

感じたことも、１回ぐっとこらえて、溜めておくことができるのです。

その一方で、我慢せずにすぐに言える！という人は、心のコップの容量が小さめ。たくさんの水（＝感情）を入れる前にあふれ出してしまうのです。

これはただの個性ですので、「どちらがよくて、どちらが悪い」ということはありません。

けれど、いくら心のコップの容量が大きいＨＳＰさんでも限界はあります。

水を入れすぎてあふれ出し、収拾がつかないことになってしまう前にできる対策をお伝えしましょう。

繊細さを才能に変える「魔法」

「涙」でコップに溜まった水（＝感情）を洗い流そう！

涙はあなたのコップに溜まった水を減らす役割をします。

あなたは最近、泣いていますか？

普段から頑張っていて緊張していることが多いと、「泣く」ということすら忘れてしまうこともありますよね。

だからこそ、意識的に涙を流すという習慣を持ってみてください。「感動した」もしくは「悲しい」というように気持ちが動いて出る涙が大切です。

涙を流すことにはリラックス効果があると言われています。

緊張した交感神経優位の状態から、リラックスした副交感神経優位の状態に切り替わるからです。

お気に入りの映画や本、音楽、自然の風景などに触れて、週に1回はコップの水を洗い流すことで、すっきりと1週間を過ごすことができます。

無理して明るくなろうとしなくていい

ここで大事なポイントがあります。

ちょっと落ち込んでいるなと感じるときは、無理して明るい音楽や映画を見なくていいということです。

今の自分にぴったりくるもの、気持ちを代弁してくれるものを選んでみましょう。そうすると自分の感情に寄り添うことができて、癒しの効果が得られるのです。悲しいときにはバラード、怒っているときにはロックなどの激しめの音楽、嬉しいことがあったときに楽しい曲や映画、といったように、あなたの感情に合わせてのお気に入りを見つけておくのがおすすめです。

私も子供時代はかなり我慢強い方で、言いたいことが言えなくて悩んでいたこともありました。そんな当時は、子供らしくない暗めの曲が好きで、聴きながらこっそり涙を流していたこともあります。

「こんなことして、暗い大人になっちゃうんじゃないか」と自分で心配したこともありましたが、そのときの行動は間違っていなかったようです。

なぜなら、そうすることで無意識にセラピーをしてバランスを取っていたということがわかったからです。

あなたの言葉にしきれない気持ちを、表現してくれるもの。
そんな映画や本、歌と出合える瞬間は楽しいものです。

ネガティブと上手に付き合う方法

心のひとりごと、多くなっていませんか？

誰かから言われた一言や、過去の出来事をふと思い出して、ズーンと沈んでしまったり、じっと考えごとにふけって心ここにあらずなこと、ありませんか？

「ポジティブになりたいのにポジティブになれない」
「なんで小さなことばかり気にしすぎてしまうんだろう」
「明るいことが思い浮かばない」

こんなふうに考えてしまうのは、実は、あなたがもともとネガティブだからではないんです。

人がネガティブ思考に陥ってしまう1つの原因。それは、

心の中のひとりごとが多くなりすぎていること。

あなたが生まれつき暗いわけではないのです。

NLP心理学によると、脳の仕組みとして、心の中のひとりごと（＝内部対話）が多い人はネガティブになっていくことがわかっています。

試しに、椅子にじっと座って下を向いて、考えごとをしてみてください。

その状態だと、なかなか明るい言葉は浮かんでこないですよね。

ではどうしたらその状態から抜け出せるのでしょうか。

「心の中のひとりごとがネガティブになってきたな」と感じたら……。

立ち上がって、思いっきり伸びをしてみましょう。

窓を開けて新鮮な空気を入れ、深呼吸をしましょう。


太陽の光を浴びるのも、散歩に出かけてみるのもいいですし、音楽をかけて体を動かすのもおすすめです。

心と体はつながっています。

体を快適にすることで、思考も快適にすることができるのです。

織細さを才能に変える魔法

体の存在を思い出してあげる

人間は「頭」だけでできているわけではありません。だけど、考えごとが多いＨＳＰさんはついつい体の存在を忘れがちです。

ですので、「体」の存在を思い出してあげるだけで一気にネガティブから解放されて、あなた本来の明るさが戻ってきます。

体からのメッセージを大切に

「ネガティブ思考」になっているときは、

「心にバランスが傾きすぎているよ。私のことも思い出して！」

という、あなたの「体」からのメッセージなのです。

また、「脳の癖」の他にも大切なことがあります。

それは「腸内環境」です。

慢性的な疲れと腸内細菌には強い関係があることがわかっており（2016年コーネル大学の研究）、さらには「セロトニン」といういわゆる「幸せホルモン」の9割以上が腸で作られているという報告も見られるようになりました。
腸は「第2の脳」と言われるくらい、私たちに大きな影響を与えているのです。

あなたの体は「今、元気です！」と自信を持って言えますか？

「心を整えようとしても、現実がいい方向に変わっていかない」
というあなたは、ぜひ、「体からのアプローチ」も取り入れてみてくださいね。
「心の声を聞く」ことも大事ですが、「体の声を聞く」ことも、同じくらい大切なこと
なのです。

「心が弱くても幸せ」HSPさんの7つの習慣

自分を慈しむ時間を作る

HSPさんは小さな幸せにも気づいて毎日を豊かに過ごせる人。

「他の人みたいに、どんどん前に進まないと！」と焦ることもありますが、目の前のことを楽しみながら喜んで生きていく才能があるのです。

未来のことを考えることや、走り続けることに疲れたら、小さな幸せを感じる才能をぜひ思い出してみてください。

この項では、ＨＳＰさんが幸せに過ごしていくために、これまでのおさらいも含めて７つの習慣をお伝えしましょう。

❶１人時間を大切に

刺激の多い生活だと、疲れてしまいがちなＨＳＰさん。

「ダウンタイム」と呼ばれる１人時間を少しでも持って、リラックスする習慣をつけましょう。

内面が豊かで、１人でも楽しむ能力があるのが、あなたの才能です。

読書、音楽を聴く、創作活動にふける……。

あなたのお気に入りの活動は、なんですか？

❷できたことを３つ見つける

たくさんのことに気づけるがゆえに、「またこんなミスをしてしまった」と自分に厳しくなりがちなＨＳＰさん。

セルフハグで自分を癒やす

だからこそ、自分を褒める習慣をつけていきましょう。

夜、寝る前にどんなささいなことでもいいので、今日できたことを3つ、見つけてみてください。

実は、あなたはできていることの方が多いんですよ。

❸自分をハグする

視覚や聴覚を使いすぎると、「理性」のスイッチがオンになって、答えのないことをあれこれ考えてしまう「ぐるぐる思考」の原因になります。

ですので、そんなときには「触覚」を刺激することで落ち着くことができます。

それが、1日5分だけ！　セルフハグです。

夜寝る前でも、お風呂に入っているときでもかまいません。

自分を優しく抱きしめてお肌をなでながら、

「いつもよく頑張っているね。ありがとう。愛しているよ」

と声をかけてあげてください。
あなたは普段、自分のことを忘れるくらいに本当によく頑張っています。
だから、たくさん自分の体に優しくしてあげてください。

実際に試したＨＳＰさんからは、

「なんだかわからないけど涙がたくさんあふれてきました」
「気持ちがとっても落ち着きました」

というお声をいただいています。

「自分の人生を生きている」という感覚

❹「嫌！」を押し込めない

嫌なことがあっても、相手を責めるのではなくて、

「自分がいけなかったんだ」

と思ってしまいがちなＨＳＰさん。


でも、嫌なことは素直にそのまま感じていいんです。

嫌なことがあったらまずは、

「**そうだよね、嫌だったよね。わかるわかる！**」

とまずは自分の気持ちに共感してあげると、もっと自分と仲良しになれます。

❺涙でデトックス

167ページでも書いたように、「泣く」のはHSPさんにとってはとっても大切なストレス発散。

落ち込むことがあったら、思いっきり泣いてスッキリしましょう。

「泣くのは弱いから」？

全然、そんなことはないのです。

❻五感で「今」を楽しむ

気づくと考えごとばかりで上の空。心ここにあらずになりがちなHSPさん。

そんなときは、「感覚」を喜ばせて「今」を意識してみましょう。

美味しいお茶に癒される、自然音を聴く、お風呂に入る、美しい自然の動画を見る、ご飯を味わう……。

小さな幸せや奇跡を感じられるのが、HSPさんの素敵なところなのです。

❼魔法の質問をする

「私、本当はどうしたい？」

これが、HSPさんが幸せになる魔法の質問です。
共感能力が高いがゆえに、他の人の気持ちと自分の気持ちが混ざりがちなHSPさん。

自分の人生を生きている！私が選んでいる！という感覚をしっかり持つために、「私」を主語にして、自分の気持ちを確かめる習慣はおすすめです。
最初は、「自分の気持ちがわからない」と思うかもしれません。
まずはほんのささいなことからでいいのです。

「本当はちょっと高い服を買いたい！」
「本当はもっと旅行したい！」

ささやかな「心の声」にもっと、耳をすませてみてくださいね。

全てを完璧に取り入れる必要はありません。

「なんか楽しそう」「ピンときた」というものをぜひ、日常の中に取り入れてみてください。

「今が幸せ」「満たされている」と感じていると、次にやってくる未来も、幸せなものになります。

ゆっくり楽しみながら、進んでいきましょう。

Chapter

6

HSPさんの才能が開花する魔法

気にしすぎるあなたの すごい才能

実はいいところがたくさん！

ここで、ＨＳＰさんに共通している４つの素敵な才能を、改めて振り返ってみましょう。

❶深く処理をする
❷過剰に刺激を受けやすい
❸感情的な反応が強い
❹ささいな刺激を察知する

「気にしがち」「考えすぎ」「生きづらさ」に注目されがちなＨＳＰさんですが、本当は才能にあふれている人たちなのです。

繊細さを才能に変える魔法

すでに「ある」ものを思い出すだけでいい

あなたの才能は、もうすでに「ある」ものに目を向けることでどんどん見つかっていきます。

あなたは今、自分の「ないもの」「欠けているもの」にばかり目が向いていませんか？

「こんなことができない」「あの人に比べたら知識もない」と、「ないもの探し」をして、せっかくのあなたの才能を無視していないでしょうか？

心理学で有名な図として、「ゲシュタルトの欠けた円」というものがあります。
人は、完全な円よりも欠けた円の方に注目してしまうというものです。
人間の脳は「ないもの」「欠けているもの」「不足しているもの」に注目する性質を持っているので、これは仕方のないことなのです。

だからこそ、**自分で意識的に「ある」ものに目を向けるようにしましょう**。

あなたの「ある」に目を向けて、本来の才能を生かしていくための魔法を、この章ではお伝えしていきますね。

落ち込みやすい性格が長所に変わる魔法

短所は長所でもある

「ミスを指摘されたり、ほんのささいな一言も気になって、落ち込みやすい自分が嫌です」

ある1人のHSPさんからのご相談です。

私はこのとき、「**お、素晴らしい才能の持ち主なのですね！**」と思いました。

それはなぜだと思いますか？

実は、**「すぐに落ち込む」人は、分析能力や問題点を発見する能力が高い**ということが、アメリカの心理学者、トッド・カシュダンらによって指摘されているからです。「落ち込みやすい」ということも、別の視点から見れば「才能」になるのです。

こんなふうに、あなたの全ての面を肯定することができるようになる「魔法」を、お伝えしましょう。

繊細さを才能に変える「魔法」

リフレーミングで、欠点も長所に変える！

人にはそれぞれ、物事の見方の「癖」があります。

例えば、同じ状況に対しても、「どこに意識を向けるか」で世界の見え方が変わるのです。

私も以前は、「なんで繊細に生まれてしまったんだろう」というふうに自分のことをとらえていました。ですが、HSPという概念を知って、

「繊細さが役に立つ場面もある」
「感受性豊かで人の気持ちもわかるということ」

と、多角的に見られるようになり、心が楽になったのです。

このように**意識の向けどころを変えることを、「リフレーミング」と呼びます。**

悩んでいるときは、視野が狭くなってしまいがちですが、リフレーミングを使うことで視野を広げることができます。

では、実際に「リフレーミング」を体験してみましょう。

「リフレーミング」には、「状況のリフレーミング」と「内容のリフレーミング」の2種類があります（参考：高橋かおり『今日から役立つ 実践！ NLP』）。

居場所を変えてみる

「すぐに傷ついてしまう自分を変えたい」

と思っても、人や環境はそう簡単には変えられないもの。

「状況のリフレーミング」は、今あるものを変えずに、その出来事が生きる場所や状況を探す視点のことを指します。

例えば、仕事が遅いことが「欠点」だと思っていたとしましょう。

仕事が遅いという事実はすぐには変えられませんが、「丁寧な仕事ができる部署では役に立てる」といったように、見方を変えることはいくらでもできます。

これを自分自身に対して使えば、自分で欠点だと思っていたことを生かせる環境や状況を探せるようになれます。

状況のリフレーミングの例

- しゃべるのが苦手 ↓ 聞き役に徹することができる、書記に向いている
- 心配症 ↓ 事前準備がしっかりできる
- 飽きっぽい ↓ マルチタスクが向いている

とらえ方を変えてみる

状況のリフレーミングに対し、物事について別の意味を探して考え方を変えることを「内容のリフレーミング」と呼びます。

この方法は、対人関係で悩んだときやキツい一言を投げかけられたときにも効果てきめんです。

内容のリフレーミングの例

- 暗い性格 ↓ 冷静である・思慮深い

- 落ち込みやすい　↓　分析能力が高い
- 神経質　↓　細かいところに目が行き届く

まずは、自分の「欠点」だと思っている部分や苦手な場面を書き出してみてください。そして、

「どんな場所であれば生かせるだろう？」
「他にどんな見方ができるだろう？」

とリフレーミングをしてみましょう。

物事を深く考えられるＨＳＰさんだからこそ、慣れるととっても楽しいはず。
あなたが最高にハッピーになり、才能が花開いていくとらえ方を、たくさん見つけてみてください。

HSPさんの長所を生かせるお仕事

才能を発揮しやすい環境って？

「私はどんな仕事に向いているでしょうか？」

というご質問をよくいただきます。

HSPさんと一口に言っても、個性や得意なことは一人一人全く違います。

ですので、残念ながら、「この仕事が向いています」と断言することはできません。

ですが、HSPさんが才能を発揮しやすい仕事環境の傾向として、次の特徴が挙げられます。

繊細さを才能に変える「魔法」

HSPさんがのびのびできる環境を知っておこう

- 自分のペースでできる
- 静かな環境、少人数
- 個人の裁量が大きい
- ノルマや競争が少ない、またはない
- アイディアや意見を言いやすい
- 人との関わりが適度
- リラックスできる場所がある
- 自然を感じられるような環境

こういった環境の中では、才能をのびのびと発揮できる可能性が高いのです。

あなたが生きる場所は必ずある

ＨＳＰさんが仕事でつらくなってしまうのは、「知らぬ間に頑張りすぎる」ということが1つの要因です。

もし今あなたの仕事環境が、右に挙げたものと真逆な環境だとしたら、「耐えられないのは自分が弱いからだ」なんて、責める必要は全くありません。

違和感を抱いた時点で、全力で逃げていいときもありますし、今は何度だってやり直しがきく時代です。

人生を長い目で見ていきましょう。

とっても誠実で真面目なＨＳＰさんは、つらいことがあっても我慢してしまうことが多いのですが、あなたの心や体の方が大事です。

今は、インターネットやＳＮＳのおかげで、個人で小さな事業をすることが簡単になりました。

もともと、自分で考えて行動するのが得意なＨＳＰさんですから、自立する力は十分にあるのです。

私たちは、よく考える性格ゆえに納得するまでに時間がかかることもあります。けれども、「これだ！」と思う仕事に出合えると、ものすごい集中力で突き進んでいきます。

「大器晩成型」で、ゆっくりじっくりと自分を育てていってていい。
時には、寄り道や休むことがあってもいい。
途中で道を変えたって、大丈夫。

そのくらい肩の力が抜けている状態で、まずは成功体験をたくさん積んでいきましょう。

あなたの才能が生きる場所は、必ずあります。

HSPさんの才能が花開く5つの考え方

思い込みを手放そう

本来、素敵な才能を持っていて能力も高いHSPさん。
でも、これまで育ってきた中で作り上げた「思い込み」によって、自分の力を制限していませんか？

あなたはもう、自分の力を発揮していいのです。

そんなあなたの背中を後押しする、5つの考え方をご紹介しましょう。

❶普通になろうとしなくていい

生まれつき感性がとっても豊かで独特な世界観を持っているＨＳＰさん。

「こんなこと言ったら、変な人だと思われるかな」

と、心に秘めていること、たくさんありませんか？

「普通にならなきゃ！」と頑張る必要は、もうないのです。

生き方が多様になってきて、「普通」というものがなくなってきたからこそ、あなたはもっと、堂々と才能を発揮していけるのです。

❷居心地のいい人とだけ、一緒にいていい

「みんなと仲良くしなきゃ！」

「好き嫌いするなんて、ダメ！」

とっても良心的で周りの空気も読めるＨＳＰさんだからこそ、こう思いがちですが、

「この人といると心地いい！」

「話が合う！」


という人とだけ、一緒にいていいのです。


価値観が多様になった現代で、みんなと仲良くなるのは至難のワザ。

「本当に気が合うな」とあなたが感じた人や、あなたの未来の可能性を信じてくれる人とだけいていいのです。

❸もっと、表現していい！

感性の鋭すぎるあなたの表現を、

「何が言いたいのか、何がしたいのか、よくわからない」

と、批判する人も過去にはいたかもしれません。


でも、**あなたの心からの表現に共鳴して感動してくれる人は、絶対にいます。**

だから諦めずに、あなた自身を表現していってください。

❹「感覚派」でいい！

「なんとなく、こうなる」と直感的にわかることが多いＨＳＰさん。

だからこそ、「なぜそうなるのか？　そう考えたのか？」という方程式をうまく言語化することができなくて困ることも。

「論理的に説明しないと」

と頑張りすぎて、せっかくの直感を生かすことができなくなっていませんか？

そんな自分自身に、

「感覚的でもいいじゃない」

「説明が得意な人に任せればいいんだ」

という許可を出してみてください。

不思議と周りにわかってくれる人が集まってきます。

❺直感に従って動いていい！

「決めたことはちゃんと続けなきゃ」

「飽きっぽいなんて、いけない」


と、「計画通り」にやろうとしすぎて苦しくなってしまうことはありませんか？

でも、直感の鋭いあなたは途中で、「これじゃないかも」と気づくこともたくさんあるはず。

そんなとき、無理して計画通りに頑張ろうとする必要はありません。


自分の好奇心や興味、直感に従って動く方が、流れに乗ってスイスイと進んでいけること、なんとなく気づいているのではないでしょうか？

織細さを才能に変える「魔法」

「怖い」という気持ちは、Ｇｏサイン！

さて、ＨＳＰさんが「才能開花」できる５つの考え方を読んで、どんな気持ちが湧いてきましたか？

「心が軽くなった」
「言っていることはわかるけど、自分にはできなさそう」
「思いのままに生きるのは怖い」

きっと、人それぞれだと思います。

「自分にはできなさそう」「怖い」と思った方も、はじめは小さなものでいいので、ぜひ一歩を踏み出してみてください。

「こうだったらいいな」という、自分の中に芽生えた気持ちを、ぜひ大切にしてあげてください。

「怖い」という気持ちは、「ワクワクする」気持ちの裏返しでもあります。

「怖い」は「行ってみよう！」というサインです。

そのときに注意するのが、「嫌だな」と思っていることはやらなくてもいいということです。

あくまでも、「これをやったら批判されるかもしれないし、怖い。でもなんか楽しそう、気になる」ということにチャレンジしてみようということです。

実は、好奇心もとってても旺盛なＨＳＰさん。

新しい世界をのぞいてみたいという気持ちも人一倍あるのです。

あなたは、自分の気持ちを抑えるために生まれてきたのではなく、人生を楽しむために生まれてきたのです。

あなたの人生に失敗は何1つありません。
あるのは「経験」だけです。

これまでの「思い込み」から自由になって、才能を開花させていきましょう。

本当の自信を手にいれるということ

「自分に自信がない」のはどうして？

「自分に自信がありません」

「気持ちは楽になったけど、結局どうしたらいいかわからない」

数千人以上のＨＳＰさんと関わってきて、幾度となくこの言葉を聞いてきました。

あなたは今、自分のことが大好きで、「何があっても自分は大丈夫！」という自信に満ちていますか？

なぜ、ＨＳＰさんは自信をなくしてしまうのでしょうか。

その一番の原因は、「感じる」ことにフタをしているからです。

感じることにフタをすると、一瞬は嫌なことから逃れられて、楽になる気がします。

けれども一方で、「自分が本当にやりたいこと」「ワクワクしてしょうがないこと」も感じられなくなってしまいます。そうすると、

「なんだか自分の人生を生きられていない気がする」

と人生の迷子になってしまうのです。

私自身も、「感じる」ことにフタをして、人生の迷子になってしまったＨＳＰの１人でした。

ですが、ある１人の書道の先生との出会いで「感じる」ことを思い出しました。その出来事をきっかけに人生が大きく変わっていったのです。

少しでもあなたのヒントになれば嬉しいので、そのときの話をしましょう。

人生の迷子になっていた私

その先生に出会ったのは、私が会社員を辞めることを決断した直後。

でもまだ、「次の道はどうしようか？」と迷っていたときです。

知り合いから紹介していただいた書道教室にふらっと参加しました。

閑静な住宅街の高台に建つ、立派なおうちで密かに開かれている教室です。

玄関の前に着くと、お香のいい香りがどこからともなく漂ってきました。

非日常的なその雰囲気に　ドキドキしながらインターホンを押し、玄関の扉を開けると……。

そこには、70歳近い年齢を感じさせない、女優のように美しい先生が立っていました。

目がキラキラと輝いていて背筋もスッと伸びていて、

「こんなに美しい方がいるんだ！」

と心の底からビックリしました。

「どうやったらこんなふうに歳を重ねられるのだろう？」と衝撃を受けました。

その書道教室は、元は料理教室をしていた先生のお手製のお料理を味わい、会話を楽しみながら、かな文字書道をたしなむ場所。とにかく「五感」が喜ぶ空間です。

お香のいい香りに包まれて、美しい和室で墨を静かにすっていたとき。

「こんなに、幸せな気持ち、久しぶりだな……」

次第に、ずっとふたをしてきた「感じる」ことを楽しむ感覚がゆっくりじわじわと、よみがえってくるのがわかりました。

一筋の光が差してくるような不思議な感覚でした。

「私は今まで理性が強くなりすぎて、『感じる』ことを忘れていたんだ」

自分の「感覚」を「信じる」。

これこそが本当の、「自信」なのかもしれない。


「こうしなきゃいけない」「こうするべき」という理性で自分を押さえつけてきたことに気づいた、衝撃的な出合いでした。


その帰り道、ふと胸が「ふわっ」と温かくなるのを感じました。

言葉では言い表せないものの、先生が私に対して温かい想いを寄せている「愛」をはっきりと感じました。


「**いつでもこの感覚を自分自身に向けられたら、なんでもできるんじゃないか**」と力が湧いてくるのを感じました。

今まで、「頭」ばかり使って自分探しをしてきたけれど、これからは自分の「感覚」をもっと大事にしよう。

そう思えた日から、私の人生はどんどん変わっていきました。

心の中にいる「もう1人の私」の声を聞く

まず、「会社員を辞めて何がしたいのか?」という迷いが消えました。

頭では「言い訳」をいくらでも考えられましたが、「感覚」では「自分の可能性に挑戦したい」と明らかに感じていました。

何もないゼロの状態から、同じような思いをしてきたHSPさん向けに情報発信をする!と決意したのです。

それまでの自分では考えられない選択でドキドキしましたが、

「やっと私の願いを聞いてくれたね!」

と心の奥底で喜ぶもう1人の私の存在を見つけました。

子供の頃に閉じ込めてしまった「自分がやりたいことをやる」という感覚を、やっと思い出した大きな一歩でした。

自分の選択は全てOK

決意が固まってからは、とにかく「直感」を信じて動き続けました。

「ワクワクするか？」「楽しそうか？」

を合言葉に、常に自分の胸に問いかけることを大切にしました。

そうやって自分の「感覚」を信じて動いた結果、今まででは考えられなかった奇跡が起こり続けています。

とっても愛にあふれた心理学の先生との出会い、未来を諦めずビジネスに挑戦する同年代の仲間との出会い、憧れのライフスタイルを送る人生の先輩との出会い（この方は外向型ＨＳＰさん！）、私の発信する言葉を「心が軽くなりました」と受け取ってくださった10万人以上のＨＳＰさんとの出会い……。

以前の自分からは全く想像のできない場所に立っています。
そして、「私の選択は全てＯＫ！」と思える大きな自信を手にしました。
「何があっても、なんとかなる！」という大きな安心感の中で生きることができています。
あなたにも、この感覚を体験してほしいと思います。

あなたは、あなたの思い描く理想の世界を実現する力があるのです。

最終章では、あなたが「感じる」ことや本音を思い出し、夢を叶える人生へ踏み出していくための「魔法」をお伝えしていきます。

「**毎日、ワクワクしてしょうがない！**」
「**朝起きるのが楽しみ！**」

そんな、躍動感あふれる人生を、実現していきましょう。

Chapter

7

本音に
気がつけば
人生は変わる

繊細な自分を好きになるために

セルフイメージを変える方法

「私には、大した能力がない」
「やりたいことなんてない」
「大きな夢を描いたって、どうせ叶わない」

と思っていませんか？
ですが、大きな夢を叶えられる人と、そうでない人の違いは、たった1つしかありません。

それは、「セルフイメージ」の違いです。

もともとは同じ能力を持っている人でも、「私は世界に影響を与えられる人だ！」と思っている人と、「私はただの会社員だ」と思っている人では持っている能力をどこまで発揮するかが変わってきます。

「自分のことをどう思っているか」でどんな人になるかが決まる、ということです。

「私は小さな頃から親に褒められずに育ってきたからダメなんだ」と感じる方もいるかもしれませんが、安心してください。

セルフイメージは大人になってからでもいくらでも変えられるからです。

奇跡は誰にでも起こる

もともとセルフイメージが低かった私が、どうやってセルフイメージを高めていったのか。

最初のきっかけは、年下でもすでに自分で稼ぐ力をつけて、大きな事業を展開している方々に出会ったことです。

はじめは、「その方々がものすごく頭がいいからだろう、私には真似できない」と思いました。まさに、「雲の上の存在」でした。

ところが、お話を聞いたり一緒に過ごしたりするうちに、「あれ、私にもできるかもしれない」と可能性を感じたのです。

少しずつ、「会社員の私」から、「自分でビジネスをやっている私」というように、セルフイメージが変わっていきました。

そうすると、自然と会社員のときに持っていた信念・価値観は手放すことになります。

発揮する能力も変わり、行動も変わり、そして周りにいる人や住む環境なども変わっていきました。

セルフイメージが変わるとこうも世界が変わるのか、と自分でも驚いています。これは奇跡でもなんでもなく、誰にでも起こりうることです。

次は、あなたにセルフイメージが変わる魔法をお伝えしていきましょう。

繊細さを才能に変える「魔法」
憧れの人を見つけて共通点を見つける

突然ですが、あなたが「あの人みたいになれたらいいな」「尊敬できるな」という人はどんな人でしょうか？

実は、「憧れの人」は「あなたの素敵なところ」を映し出してくれています。

例えば、大好きな歌手がいるとしましょう。その人のどんなところが素敵だなと思いますか？

できる限り書き出してみましょう。

日々努力しているところが素敵、癒される声が好き、周りの人を大切にしているところが好き、素直なところが好き、など、なんでもかまいません。

そして、ここからが大切です。

次に、**「あなた自身が」憧れの人と同じ要素を発揮した場面を見つけ出していきます。**

- 日々努力しているところが素敵　↓　私も吹奏楽部のときに毎日練習していた
- 癒される声が好き　↓　そういえば私も声を褒められたことがある
- 周りの人を大切にしている　↓　私も毎日、周りの人には挨拶している
- 素直なところ　↓　私も素直に物事を吸収してきた

という感じです。

「なんだ、自分も同じ要素があるんだ」と気づくと、なんだか少し自分へのイメージが変わっていきますよね。

「もしかしたらできるかもしれない」と可能性の扉がノックされるような感覚です。

とはいえ最初は「あの人とはレベルが違う」と思うかもしれません。

ですがぜひ、「あの人と同じだけ自分も素晴らしい面を持っている」と腑に落ちるまで繰り返してみてください。

完璧な人はいない

そしてさらに突き詰めると、憧れのあの人も必ず自分自身と同じような「嫌な面」を持っています。あえて憧れの人の「嫌な面」を認識することも大切です。

「あの人は素晴らしい面ばかりで、嫌な面なんてない。それに比べて自分はダメなところばっかりだ」

という思い込みも、あなたのセルフイメージを下げてしまいます。

どんなに素晴らしい人にも必ず、「嫌な面」はあるのです。

「あの人はすごくて、自分はすごくない」という思い込みから解放されて、

「あの人もすごいし、自分もすごい」というイメージに変えるだけ。

そうすると、「どうせ自分はダメだから」と、何かを諦めることもなくなります。

「憧れのあの人と私も、同じ面を持っているんだから、大丈夫！」と、一歩を踏み出すことができます。

自分自身へのイメージを、軽やかに変えていきましょう。

思い通りの人生を実現する方法

脳の使い方を変えるだけ！

ＨＳＰさんは本来、「夢を叶える力」が高い人です。

なぜなら、未来を「想像する」ことが得意ですし、興味のあることに対してはものすごい集中力を発揮するからです。

でも、「やりたいことはあるけどなかなか行動できない」という人もいるかもしれません。

逆に、「自分なんてどうせ……」という気持ちが強くなりすぎて、夢を描くことすら諦めてきた人もいるかもしれません。

ですが、ちょっとした「脳の使い方」を変えるだけで、あなたは思い通りの人生を実現できます。その方法を、お伝えしていきますね。

繊細さを才能に変える「魔法」
ウォルト・ディズニーの脳の使い方をマスター!

ディズニー映画やディズニーランドで有名なウォルト・ディズニー。彼はイメージした夢を具体的な形として実現していく天才でした。

なぜ彼が成功できたのかというと、次の「3つの視点」をバランスよく使い分けていたからだと言われています。ここでも米国NLP協会認定トレーナーの高橋かおりさんから学んだワークとともに紹介しましょう。

夢想家

「こうなったら最高だな」「素敵だな」と、実現したい目標をはっきりとイメージとして描くことができる視点です。

「こんなことは無理」といった気持ちは脇に置いて、まさに夢の中にいるように自由に未来を描いていきます。

現実家

夢を実現するために、「どういう行動をしたらいいのか」「いつまでに、何をしようか」と具体的に計画をする現実的な視点のことです。

批評家

「ここに穴があるのではないか、改善した方がよりよいのではないか?」「問題が起きたときにはどう対処する?」と、客観的に物事を批評する視点です。

計画がきちんと進んでいるかどうかを分析し、チェックします。

批評といっても、あくまでも「よりよくするための批評」であり、「そんなの無理だ」と夢を潰す批評ではありません。
ここで重要なポイントがあります。

それは、夢ばかり見ていても何も実現しませんが、夢想家が大きな夢を見てくれなくては何も始まらないということです。

あなたはどんな夢も描いていい。描くだけなら、タダなのです！

そして、3つの視点のバランスが取れていることが、夢や目標を実現する秘訣です。
あなたはバランスよく使えているでしょうか？

ディズニーの脳を実践してみよう

頭の中だけでやってみるのは難しいので、実際に体を動かして3つの視点を体験してみましょう。

ディズニーが使っていたという3つの視点

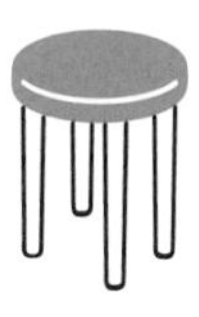

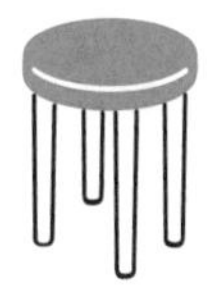

参考：高橋かおり『今日から役立つ 実践！ NLP』

❶まず、椅子を3つ用意する

❷客観的な位置に立ち、未来の目標を決める

（例：今年中に、個人で収入を得られるようになる）

❸夢想家の椅子に座る

このとき、目線を上に上げて座ってください。夢見るときは、人は目線が上になるからです。

目標が実現しているイメージを描き、欲しい結果を自由に語ります。

夢が叶ったとき、何が見えて、何が聞こえて、どんな香りがして、どんな気持ちがして……など五感を使ったイメージをするとさらにいいでしょう。

（例：ＳＮＳで発信して１万人以上のフォロワーがついている、月に１００万円以上は当たり前に稼いでいる、自分と価値観の合う人と働けている、「あなたの発信に出合って人生が変わった！」という声を毎日のようにいただいている）

❹現実家の椅子に座る

姿勢を前かがみにして座ってください。

夢想家の夢を実現するための計画や手順、自分が持っているもの（知識、技術、経験、想い、能力、時間、お金、人脈など）を言葉にしていきます。

（例：ＳＮＳ発信に詳しい人とまずは３人会って話を聞いてみる、○月になったらボーナスがもらえるので勉強を始める、インターネットや本で情報を集める）

❺批評家の椅子に座る

足や腕を組んで、少しふんぞり返るような姿勢で座ってください。

夢想家と現実家の意見を聞き、問題やよりよくできる部分を言葉にします。

ただし注意するのは、夢想家の夢を潰すような批判的な意見はＮＧ。あくまでも夢の実現のために必要な「建設的な意見」を出しましょう。

❻夢想家の椅子に戻る

再び目線を上げた状態で座り、問題を全て乗り越えて、夢が叶っている姿を再びイメージします。

❼夢想家、現実家、批評家の意見を出し切り、お互いが納得するまで、❸～❺を繰り返します。

このワークを行うことで、頭の中でぼんやりと考えていた夢が明確になり、実現のためにすべきことや問題点が整理され、行動しやすくなります。

まずは、１カ月以内の目標など、簡単なものから試してみてください。

ディズニーのように、あなたの夢をどんどん実現していきましょう。

いつだって、あなたは
あなた自身から愛されています

ネガティブな気持ちにも意味がある

本当は、好奇心旺盛で、やりたいことにはかなりの集中力を発揮するＨＳＰさん。

でも、

「新しいことに挑戦したいけど、怖くてできない」

「やりたいことはあるけど、失敗したらどうしよう」

こんなふうに、アクセルとブレーキを同時に踏んでいるような状態になっていませんか？

私自身も会社員時代にはなかなか辞める決意ができず、モヤモヤと悩み続けていました。

もしあなたが同じように日常の様々な場面で葛藤を抱えていたとしても、

「なんでいつも、勇気が出ないんだろう」

と落ち込む必要はありません。


なぜならあなたのどんな行動も気持ちも、「自分からの愛」だからです。


自分からの「愛」に気づくと、葛藤がなくなり、やりたいことに対してすぐに行動できるようになります。

実は、あなた自身がどんな行動を選択しようとも、必ずあなたを幸せにするように行動しているのです。

「肯定的意図」を見つけるには

ＮＬＰ心理学には、全ての行動はあなたにメリットをもたらすという「肯定的意図」と呼ばれる考え方があります。

一見、ネガティブな行動をとっているようでも、その行動を起こさせる意図は、いつだって「あなたを幸せにしたい」というポジティブな気持ちが根っこに必ずあるということです。

わかりやすい例で言えば、「本当は食べたくないのに、なぜかお菓子をたくさん食べてしまう」というとき。

「我慢できない自分はダメなんだ」と自分を責めそうになりますね。

でも実は、「食べる」ことによって満たそうとしている気持ちが必ずあるのです。

たくさん食べることによって、「安心感」や「充足感」といった幸せな気持ちを得ようとしているのかもしれません（どんな気持ちを感じたいかは人それぞれです）。

そんな自分からの愛に気づくことで、あなた自身を丸ごと全て受け入れられるようになります。

葛藤や自分を責めることがなくなるので、行動にもすぐに移せるようになります。

そのための魔法のワークをお伝えしていきましょう。

繊細さを才能に変える「魔法」

自分からの愛を発見するワーク

では実際に、自分からの「愛」を発見していきましょう。

ここでも米国NLP協会認定トレーナーの高橋かおりさんから学んだ手法をもとに、肯定的意図を見つけるワークをご紹介します。

❶やめたい行動を決める

「やめたいのにやめられない」という行動を1つ選んでください。

（例：いつも言い訳をして挑戦しない）

❷体のどの部分が、その行動をしているかイメージする

自分の体の「ある部分」が、①の行動をしているとイメージします。

体のどのあたりにありますか？

あなたが「ここにいるな」としっくりくる場所を見つけてみましょう。

（例：挑戦しないという行動をしているのは、胸のあたりのような感じがする）

❸その部分に名前をつけてキャラクターのようにイメージする

その部分に名前をつけて、キャラクター化します。

例えば挑戦できないという気持ちに「もじもじさん」といった名前をつけるイメージです。

肯定的意図を表す言葉の例

優しさ	安心	自由	愛
ワクワク	自己表現	バランス	豊かさ
信頼	慈愛	共感	承認
挑戦	尊敬	努力	自信
成長	創造	人気	喜び
快適	献身	感動	ユーモア

❹キャラクター化した部分に手を当てる

②で選んで名前をつけた部分に、優しく手を当てます。

（例：胸に手を当てる）

❺手を当てた部分に質問し、答えを待つ

「その行動は、何のためにしているのですか？」

（例：もじもじさんは、何のために挑戦しないのですか？）

❻質問を繰り返す

自分からの愛（＝肯定的意図）が見つかるまで質問を繰り返します。

例えば、手を当てた部分から、

「今のままの方が親を安心させられるからです」

という答えが返ってきたら、

「何のために親を安心させたいの？」

と肯定的意図が見つかるまで繰り返し同じ質問をしていきます。

（例：親を安心させる→「承認」）

❼手を当てた部分にお礼を言う
あなたが「これだ」と納得できる肯定的意図が見つかったら、伝えてくれたことにお礼を言いましょう。

自分の本音に感謝して、寄り添うことがとっても重要です。

納得できる答えが1回のワークで見つからなくても大丈夫。

何度か試してみることで慣れていきます。

❽振り返りをする
これまでの体験を振り返り、自分の肯定的意図に寄り添いましょう。

自分の本音に気がつくということ

「肯定的意図」を発見できると、それを満たすための「別の行動」を選択していけばいいということがわかります。

例えば、周りからの承認を得るために「現状維持」という行動をしていたことに気づいたとしましょう。

ですが、「やりたいことはやる」「好きなことを極める」などあなたにとって好ましい行動をすることで承認を得ることもできます。

最終的に得たい気持ちは同じでも、それを得るための行動は自由に選択できるということです。

あなたの行動は全て、「自分への愛」ですし、どんな行動にも失敗はありません。

あなたの行動の裏に潜んでいる、本当の「意図」「自分からの愛」を見つけて、軽やかに未来へと進んでいきましょう。

ワクワクしながら、愛と感謝の感覚で生きる！

もっとも強力な魔法

最後に、ＨＳＰさんが繊細さを才能に変え、強くしなやかに生きていくための「もっとも強力な魔法」をお伝えします。

それは、あなたのずっとそばにある「愛」に気づくこと。

そして、毎日をワクワクしながら「感謝」の感覚で生きることです。

あなたは心が純粋で、優しくて、相手を思いやる心がある人です。

すでに何も文句のつけようがないくらい、立派な人なのです（「そんなことない」と思う人ほどです）。

本当にピュアだからこそ、自分の中に生まれた誰かを憎む気持ちや、周りの人のネガティブな気持ちにとても心を痛めてきたのですね。

「周りの人のせいにするなんて、私は最悪な人間だ」
「もっと周りに笑顔でいてほしいだけなのに……」

だけど、**どんな感情も大切なあなたの一部であり、その奥には必ず「自分への愛」や「周りへの愛」が隠れています。**

「ネガティブな感情も全部が愛なんて、信じられない」と感じるかもしれません。

でも、不安や恐れ、悲しみでさえも、深く掘り下げていくと必ず「愛」に辿りつくのです。

ではここで、あなたの人生で「一番つらかったこと」を思い出してみてください。

「小さい頃、母から理解してもらえなくて傷ついた」
「学校で仲間はずれにされて苦しかった」

思い出すと胸が苦しくなってしまうような出来事は誰しもあることでしょう。
特に、他の人よりもちょっとしたことが心に残りやすいＨＳＰさんであれば、なおさら。
「思い出すことすら嫌だ」ということに対して、そこにも「愛」があったなんて信じられないのは当然のことだと思います。

「**なんであんな出来事が起きたんだろう**」
「**全部、私がいけなかったんだ**」

恨み、嫉妬、激しい怒り、憎しみ、誰かを責める気持ち。そして自分を責める気持ち。

ＨＳＰさんは自分の内面の感情にも人よりも敏感に反応します。ですので、激しい感情が湧き上がってくる自分自身のことが「怖い」と感じることすらあるでしょう。

でも、湧き上がってくる気持ちをどうすることもできずに、ネガティブな感情を感じないようにフタをしてきたかもしれません。

そしていつの間にか、自分の本音がわからなくなっていませんか？

「私が我慢すればいいんだ」と、気持ちを押し込めていませんか？

でも大丈夫です。

あなたが人生を最高のワクワクや愛を感じながら生きられる魔法があります。それは、

「あなたの人生で一番つらかった出来事こそが、あなたの生きる意味や使命を見つける最大のヒントだった」

と気づくことです。

世界の見方が180度変わる

私は子供の頃、

「なんでこんなに心が弱いんだろう。こんな自分はダメだ。もう感じるのなんてやめよう」

と感じることにフタをしました。ちょっとしたことで落ち込んでしまう自分を責めてばかりでした。

でも、書道の先生との出会いをきっかけに「感じること」を思い出したのです。

そこから、追い出してしまった「自分のピース」を少しずつ集めていくことで、

「喜怒哀楽、全ていいんだ！」

と思えたとき、人生が変わりました。

今までの経験があったからこそ、こうしてあなたに繊細さを才能に変える「魔法」をお伝えできています。

つらかった全ての出来事が、「同じような気持ちを感じてきた人を勇気づけるため」という目的に繋がっていたのです。

そのことに気がついたとき、それまで感じてきたつらい思いも全て、感謝に変わりました。

同じように、あなたがこれまでに経験したつらい出来事は、あなたが人生を通じてやりたいことに直結しているのです。

このことが腑に落ちたとき、

「なんだ、全部が愛だったんだ」

「あのつらさは、自分が選んだことだったんだ」

「経験できてよかったんだ」

と、世界の見え方が１８０度変わります。

まさに、まるで「魔法」にかかったように。

大丈夫、あなたは愛されている

私はその奇跡を自分でも体験しましたし、関わってきたＨＳＰさんが変わっていく姿を何度も目にしてきました。

それがいつ訪れるかはわかりません。

でもこの本に辿り着いたあなたにも必ず、ずっとそばにあった大きな「愛」に気づく瞬間がやってくるでしょう。

そうすると、相手に本音を伝えることも怖くなくなります。

心と心が通じる会話をすることができるのです。

そして、**いつも「守られている」という感覚で生きることができます。**

あなたのこれまで体験してきたこと全てが、誰がなんと言おうと、どんな宝石よりもキラキラ輝いていて価値のあるもの。

「私は大した経験もしてないし、普通の人生だ」と思う方もいるかもしれません。でも、たくさんのHSPさんのお話を聞いてきた私だからこそこれだけは自信を持って言えます。

あなたが感じてきたこと、ネガティブな気持ちも全部含めて「本音」で語ること。表現すること。

そうすることで、「本物の共感と感動」を呼び、同じような気持ちを感じてきた人の光になることができるのです。

感覚が鋭いあなたにしか表現できない世界が必ずあります。

文章や、歌やダンス、絵や動画、スポーツなど、あなたが得意な方法でいいので、ぜひ少しずつ表現してみてください。

「全てが愛だった」という感覚を思い出すと、これからどんなことが起こっても

「いったいこの出来事は私に何を気づかせてくれようとしているの？」

と、どっしりとかまえていられます。瞬時に真実が見えるようになり、自分の「中心」とつながりながら軽やかに前に進んでいけるようになります。

そして、赤ちゃんのように純粋にワクワクしながら毎日を生きることができます。なぜなら、物事に対して「いい」「悪い」とジャッジをすることがなくなるからです。

「全部、お互い様」
「全てうまくいっている」
「ありがたいな」

という「感謝」の気持ちが勝手にあふれてくるようになります。

今がどんな状況でも大丈夫、大丈夫。
あなたはどうせ、愛されているからです。

これは言葉ではあらわしきれない「感覚」の世界でもあります。

けれども、感じることが得意なあなただからこそ、ちょっとしたコツをつかむことで愛と感謝のワクワクした感覚を思い出すことができます。

この本が、あなたの無限の可能性の扉をノックするきっかけになりましたら、嬉しく思います。

あとがき

3年間勤めた会社を辞めて、起業を決意したとき、

「自分の才能を生かしたい」

という希望に満ち溢れていました。

その一方で、焦りもたくさんありました。


「特別な才能も持っているわけではない私が、できることってなんだろう……」

不安を感じながらもひたすら走り続けた結果、インスタグラムのフォロワーさんは
投稿を開始してから約半年で1万人を超えました。
「やっとここまで来られた！」とホッと気がゆるんだものの、急に無気力になった時

期がありました。

「結果も出て、たくさんのＨＳＰさんから嬉しい言葉をいただけているのに、どこか**幸せじゃない自分はおかしいのかな**」

そんなモヤモヤとした状態を脱したいと考えていたとき、ふっと脳裏に浮かんだ熊本県の阿蘇（あそ）へと思い切って旅に出ました。

スマホやパソコンに向き合う時間が長くなり、大自然に触れる機会が減っていました。

だからか、阿蘇の風に揺れる大草原を見渡したとき、

「あ、幸せだな……」

と、久しぶりに感じられたのです。

「**結果を追いすぎて、自分の気持ちを置いてけぼりにしていた**」

「**たった1人で頑張っている気分になっていた**」

ということに気づきました。

そして、一番大切なことを思い出したのです。

「本当は毎日生きているだけで、奇跡みたいにすごいことなんだ」と。

そのときから私はまた、前向きに進んでいくことができるようになりました。

あなたは今、日常の中で「生きているだけですごい」と感じられていますか？

知り合いのＨＳＰさんは子供の頃から、

「人はどこから来て、なぜ生まれて、どこへ帰っていくんだろう？」

とずっと考えてきたそうです。

確かに、考えてみると不思議なものです。

傷ついたり落ち込んだりしながらも、なんとかここまで生きてきた私たちは、それだけですごい力を持っているのです。

当たり前のことではありません。

「ちょっぴり疲れちゃったな」と感じたときには、少し立ち止まってみましょう。

そしてあなたの周りにある温かいエネルギーや美しいもの、命を感じてみてください。

温かい太陽の光、キラキラしている木の葉、優しい風、森林の香り、しとしと降る雨、真っ青な空、波の音や川のせせらぎ、そして自分の心臓の音……。

気づいていないだけで、生きる素晴らしさを思い出すきっかけはたくさんあるのです。

ここまでHSPさん向けの活動をしてきて気づいたことがあります。それは、

「自分の存在そのものが素晴らしいと感じられている人が少ない」

という事実です。

便利で豊かな世の中だけれど、毎日が幸せ！と感じている人は意外と多くありません。

「なんだか生きづらいと感じている方に、もっと自分を好きになってほしい」

そう感じていたときにタイミングよく出版のご依頼をいただくことができました。

「できるかわからないけど、自分自身が学んできたことを全力でお伝えしていこう」

と決意し、執筆を始めたのが２０２０年12月。

年末年始にホテルに1週間閉じこもって執筆を進めたのが、いい思い出です。

初めての出版で右も左もわからない状況ではありました。ですが、編集者の大坂温子さんによる温かいご指導のもと、書きあげることができました。

出来上がったカバーを初めて見たときの感動は忘れられません。

まるでＨＳＰさんの心を潤して元気にする「恵みの雨」のようなデザインになり、今までこの活動をしてきてよかった……と涙が溢れてきました。

思えば私はこれまで、本当に素晴らしい人との出会いに恵まれてきました。
会社を辞めるとき、笑顔で送り出してくださった上司や同僚のみなさん。
愛ある心理学を教えてくださった高橋かおり先生。
情報発信のいろはをお伝えくださった先輩たち。
大好きなＨＳＰ仲間の絵理奈さん。そして何も言わず見守ってくれた両親。

その他にも数え切れない多くの方の支えで、無事にみなさんに本を届けることができたことに心より感謝いたします。

さて、この本をここまで読んでくださったあなたへ。

落ち込むときがあっても、涙が出てしまうときがあったっていい。
他の人よりゆっくりペースだっていい。
だって、あなたはいつだって素敵で最高な存在だから。

心の底からそう思えたとき、繊細な感性を持ったあなたにしかない、本当の強さや才能が花開くと私は思っています。

これからも、あなたが「しなやかな心」で生きていくヒントをお伝えしていきます。一緒に生きることを楽しみ、明るい未来を作っていきましょう。

お互いの個性や命を尊重する、愛あふれる世界になることを心から願いながら……。

2021年5月　ゆりか

参考文献

エレイン・N・アーロン著、冨田香里訳『ささいなことにもすぐに「動揺」してしまうあなたへ。』SB文庫
エレイン・N・アーロン著、片桐恵理子訳『敏感すぎる私の活かし方――高感度から才能を引き出す発想術』パンローリング株式会社
武田友紀『「気がつきすぎて疲れる」が驚くほどなくなる「繊細さん」の本』飛鳥新社
明橋大二『HSCの子育てハッピーアドバイス――HSC＝ひといちばい敏感な子』1万年堂出版
イルセ・サン著、枇谷玲子訳『鈍感な世界に生きる敏感な人たち』ディスカヴァー・トゥエンティワン
鈴木祐『最高の体調――進化医学のアプローチで、過去最高のコンディションを実現する方法』クロスメディア・パブリッシング
高橋かおり『今日から役立つ　実践！　NLP』学研プラス
梯谷幸司『なぜかうまくいく人のすごい無意識』フォレスト出版
長沼睦雄『敏感すぎる自分を好きになれる本』青春出版社
糀本成美『気疲れしやすい人へ――ゆるっと楽に生きるストレスと上手に付き合う方法』ギャラクシーブックス
ビル・オハンロン著、阿尾正子訳『考え方と生き方を変える10の法則――原因分析より解決志向が成功を呼ぶ』主婦の友社
DaiGo『自分を操り、不安をなくす究極のマインドフルネス』PHP研究所

この文字は、書道の先生に教わって私が書いたものです。自分を勇気づけたいと思ったとき、この言葉を思い出すようにしています。

ゆりか

1993年東京生まれ。 内向型HSPアドバイザー。大学卒業後、 大手企業に就職。 3年間勤務するも精神的・肉体的ストレスや自分の才能を生かしきれていない違和感に悩み、「自分探し」 にのめりこむ。 そんなとき、HSPの概念と出合う。 生きづらさの原因がわかり衝撃を受け、 自分本来の生き方を取り戻すことを決意。 2019年、 会社を辞め全くのゼロからHSPの性質を才能として生かすことをテーマにインスタグラムの発信をスタート。 同時に、 言葉と五感を用いた催眠で「自分への愛」を取り戻す心理学を習得。 マインドとノウハウの両方をバランスよく整えた結果、 独立後2年でインスタグラムのフォロワー 14万人を突破。 メルマガ読者は累計4万人を超える。 現在、 1人1人の個性が輝く社会を目指し、 本当の自分に出会って生きやすくなる方法を発信し続けている。

インスタグラム：@yuyuriika

本当の自分に出会って生きやすくなる！
【魔法の言葉】を発信しています

本音を言おうとすると涙が出てくる

HSPの繊細さが才能に変わる魔法

2021年6月30日 第1刷発行
2024年1月10日 第5刷発行

著者　ゆりか

発行者　宇都宮健太朗

発行所　朝日新聞出版
〒104-8011 東京都中央区築地5-3-2
電話 03-5541-8832（編集） 03-5540-7793（販売）

印刷製本　広研印刷株式会社

ISBN 978-4-02-251764-7
定価はカバーに表示してあります

落丁・乱丁の場合は弊社業務部（電話03-5540-7800）へご連絡ください。
送料弊社負担にてお取り替えいたします。